# 東南アジアの地形

東シナ海
日本
琉球《りゅうきゅう》諸島《しょとう》
台北《タイペイ》
（台湾《たいわん》）
高雄《カオシュン》
太
シナ海
ルソン島
フィリピン
マニラ
フィリピン諸島《しょとう》
ヴィサヤ諸島《しょとう》
セブ
ミクロネシア
マルキョク
ミンダナオ島
ダバオ
スル海
パラオ
パラオ諸島《しょとう》
セレベス海
赤道
モルッカ海峡《かいきょう》
マレー諸島《しょとう》
マカッサル海峡《かいきょう》
マルク諸島《しょとう》
セラム海
ニューギニア島
パプアニューギニア
スラウェシ島
バンダ海
フロレス海
アラフラ海
ディリ
スンダ列島
サブ海
東チモール
チモール島
オーストラリア
チモール海
ダーウィン
アーネムランド

アジアの自然と文化④

# イモ・魚からみる東南アジア

［インドネシア・マレーシア・フィリピンなど］

クリスチャン・ダニエルス＝監修

落合雪野｜赤嶺淳＝著

小峰書店

もくじ

# 1 東南アジア島《とう》嶼《しょ》部《ぶ》の人と自然



# 2 根《こん》栽《さい》農《のう》耕《こう》の技《ぎ》術《じゅつ》

# 3 作物をめぐる暮《く》らし

# 4 文化をうけつぐ



# 5 海に生きる技《ぎ》術《じゅつ》

# 6 魚をめぐる暮《く》らし

# 7 祈《いの》りと願い

【コラム】

写真について、とくに断《ことわ》りがないものは、著者《ちょしゃ》が撮影《さつえい》したものです。
記述内容《きじゅつないよう》との関連から、東南アジア島嶼部《とうしょぶ》以外の写真も一部、掲載《けいさい》しています。

# 1 東南アジア島嶼部《とうしょぶ》の人と自然

## 東南アジア島嶼部《とうしょぶ》って、どんなところ？

世界地図を広げてみましょう。インド、中国、オーストラリアにかこまれた地域《ちいき》が、東南アジアです。東南アジアは、ユーラシア大陸の一部をなす大陸部と、マレー半島からニューギニア島までのあいだの海域《かいいき》に島じまがつらなる島嶼部《とうしょぶ》からなります。島嶼部《とうしょぶ》には、現在《げんざい》、マレーシア、シンガポール、ブルネイ、インドネシア、東チモール、フィリピンの６つの国があり、およそ3.8億人が暮《く》らしています。

東南アジア島嶼部《とうしょぶ》は、一年をつうじて気温が高く、雨の多いところです。このめぐまれた気候のもと、陸地や海では、きわめて多くの野生植物や野生動物が育まれてきました。

島に住む人びとは、その植物や動物の中から、特長をもったものを選び出し、さまざまに使いこなしてきました。さらに、交易《こうえき》によって運ばれてゆき、遠い国の人びとが使うようになったものもあります。

東南アジア島嶼部《とうしょぶ》に住む人びとは、どのような暮《く》らしをしてきたのでしょう。また、東南アジア島嶼部《とうしょぶ》でとれた植物や動物は、日本にいるわたしたちの暮《く》らしと、どのようにつながっているのでしょう。この本では、陸地の暮《く》らしと海辺の暮《く》らしにわけて、そのようすをみていくことにしましょう。

自然

上から―
熱帯雨林（マレーシア・サラワク州、加藤真撮影《かとうまことさつえい》）
マングローブ（インドネシア・中スラウェシ州）
サンゴ礁《しょう》（インドネシア・東南スラウェシ州）
火山（インドネシア・東ヌサトゥンガラ州）
オランウータン（マレーシア・サバ州）

## 歴史

上—ボロブドール遺跡《いせき》(インドネシア・ジョクジャカルタ特別州)

下—ブサキ寺院(インドネシア・バリ州)

## 街

上—ラッフルズ・ホテル(シンガポール)

下—ハサヌディン国際《こくさい》空港(インドネシア・南スラウェシ州)

## 人

上から—高校生(インドネシア・南スラウェシ州)

魚売り(フィリピン・南コタバト州)

上右—楽しいお出かけ(インドネシア・南スラウェシ州)

左から—船着き場で遊ぶ子どもたち(インドネシア・中スラウェシ州)

イモ売り(インドネシア・南スラウェシ州)

お菓子《かし》売り(インドネシア・南スラウェシ州)

# 多《た》島《とう》海《かい》にうかぶ熱帯雨林

**上**―**熱帯雨林**(インドネシア・パプア州)。熱帯雨林は、世界でもっとも多様な生き物がすむ場所のひとつである。人びとはその奥深《おくふか》くまで足を踏《ふ》み入れ、生き物を利用して生活している。
**下**―**透明度《とうめいど》の高いサンゴ礁《しょう》の海**(インドネシア・スラウェシ島近海、門田修撮影《もんでんおさむさつえい》)。
ウォーラセアは、水深が深く、透明度《とうめいど》の高い海でもある。

世界のおもな熱帯雨林は、南アメリカ、アフリカ、東南アジアに存在《そんざい》します。前者2つが大陸に形成されたものであるのに対し、後者は多島《たとう》海《かい》に形成された点が特徴的《とくちょうてき》です。

地球は、今から13万年前から1万年前までの間に、氷河期と呼《よ》ばれる、もっとも寒い時代をむかえました。南極と北極の氷の厚《あつ》さが最大となり、海面が現在《げんざい》より120メートルも低くなりました。当時、ジャワ島やカリマンタン(ボルネオ)島などはユーラシア大陸と陸続きとなり、ニューギニア島などはオーストラリア大陸とつながっていました。

しかし、この時期においても、陸続きとならなかったのが、現在《げんざい》の多島海の島じまなのです。逆《ぎゃく》にいえば、当時、陸続きとなっていた地域《ちいき》はユーラシア大陸とオーストラリア大陸の大陸棚《たいりくだな》の一部であり、多島海の島じまは大陸棚《たいりくだな》よりも深い海にある海底火山が隆起《りゅうき》したものなのです。こうした多島海は、19世紀なかばにこのあたりを探検《たんけん》したイギリス人博物学者のウォーレスにちなみ、ウォーラセア(ウォーレスの海)と呼《よ》ばれています。水深が深く、透明度《とうめいど》が高いため、サンゴ礁《しょう》が発達した海域《かいいき》として世界的に有名です。

## [ウォーラセア海域《かいいき》]

ここでのウォーラセアは、
生物学者のハクスレーとライデッカーが
生物分布《ぶんぷ》の境界線《きょうかいせん》としてそれぞれ提唱《ていしょう》した、
ハクスレー線とライデッカー線で
かこまれた地域《ちいき》をさす。
この2つの線を境《さかい》に、ユーラシア大陸側と
ニューギニアやオーストラリア側とでは、
分布《ぶんぷ》する生物の種類が大きく異《こと》なる。
ウォーラセアは、チョウジとニクズクの産地である。
これらの香辛料《こうしんりょう》は、16世紀初頭にポルトガルが
東南アジアにやってくるきっかけともなり、
結果的に東南アジアが植民地化《しょくみんちか》された
最大の要因《よういん》となった。

**多島海にうかぶ島**

(インドネシア・東ヌサトゥンガラ州)。
ウォーラセアは、火山島の世界でもある。
遠方に見える火山は、伝統的《でんとうてき》なマッコウクジラ漁で
有名なレンバタ島のイレアペ山。

# 2 根《こん》栽《さい》農《のう》耕《こう》の技《ぎ》術《じゅつ》

## イモとは何か

東南アジア島嶼部《とうしょぶ》に住む人びとは、どのような暮《く》らしをしてきたのでしょう。まず、陸地での農業についてみてみましょう。

東南アジア島嶼部《とうしょぶ》での農業の特《とく》徴《ちょう》は、古い時代から、イモをさかんに利用してきたことにあります。では、イモとはいったい何でしょう。植物の体には、土の上に出ている部分と土の中に埋《う》まっている部分とがあります。土の中の茎《くき》や根には、水を吸《す》い上げたり、体を固定させたりするほかに、土の上の茎《くき》や葉から送られてきたデンプンをたくわえておく役割《やくわり》があります。デンプンをたくわえて、ぷっくりとふくれた茎《くき》や根、これがイモです。

気温が低くなったり、水が足りなくなったりしたら、植物は枯《か》れてしまうことがあります。しかし、イモにデンプンをたくわえておけば、気温が上がったり、雨が降《ふ》ったりしたときに、そのエネルギーを使って、ふたたび茎《くき》や葉や根をのばすことができます。イモはこのような方法で、子孫をふやしてきました。

人びとは、このイモを掘《ほ》り出し、熱や力のもとになる食料として利用してきたのです。

**代表的なタロイモ類**〈堀田満（1983）による〉。サトイモのなかまのイモ類をまとめて、タロイモと呼《よ》ぶ。
おもなものに、Ⓐインドクワズイモ、Ⓑヤウティア、Ⓒサトイモ、Ⓓキルトスペルマがある。

### 東南アジアのイモ類

**ヤムイモ**（インドネシア・南スラウェシ州）。
東南アジア原産のヤマノイモのなかまのイモ類。土の中の、茎《くき》とも根ともいえない中間的な性質《せいしつ》をもった部分にデンプンがたまり、イモとなる。

**タロイモ**（タイ・ピッサヌローク県）。
東南アジア原産のサトイモのなかまのイモ類。
茎《くき》にデンプンがたまるタイプのイモ類。
日本では、タロイモのなかまのサトイモが栽培《さいばい》される。
葉柄《ようへい》の部分を野菜として食べることもある。

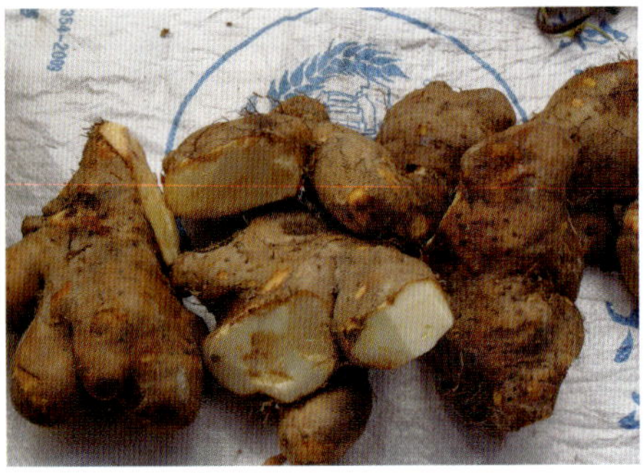

**ヤムイモ**（中国・雲南《ユンナン》省）。
市場で売られるヤムイモ。
日本ではヤムイモのなかまの、ヤマノイモやナガイモが栽培《さいばい》され、すりおろしてとろろいもが作られる。

## 南アメリカのイモ類

**サツマイモとキャッサバ**（インドネシア・南スラウェシ州）。
サツマイモ（左）とキャッサバ（右の棒状《ぼうじょう》のもの）は、
ともに南アメリカ原産で、根にデンプンがたまる
タイプのイモ類。地上の茎《くき》の一部を植えつけてふやす。

**ジャガイモ**（北海道帯広市《おびひろ》）。茎《くき》にデンプンがたまるタイプのイモ類。
寒さに強いのが特徴《とくちょう》で、おもに温帯や冷帯で栽培《さいばい》される。
原産地の南アメリカのアンデス高地では、富士山《ふじさん》の山頂《さんちょう》よりも
高い畑でつくられることもある。

## イモを守るしくみ

**上―掘《ほ》り出しにくくする**（タイ・コンケン県）。
野生のヤムイモは、イモがトゲでおおわれていたり、
でこぼこした複雑《ふくざつ》な形をしていたりする。
これは、動物に奪《うば》われないように、
イモを掘《ほ》り出しにくくしているのだ。

**右―毒をためる**（インドネシア・東南スラウェシ州）。
キャッサバには、イモの中に毒をためて、
動物からイモを守ろうとする性質《せいしつ》がある。
毒のあるイモを食べ物にするためには、
おろし金ですりおろしたイモから水分をしぼりだして、
毒ぬきをしなければならない。

## 野生植物のイモ

**カタクリ**。ユリのなかまの
野生植物。土の中の茎《くき》に
デンプンがたまる。
片栗粉《かたくりこ》はもともと
このカタクリを原料に
作られていたが、
現在《げんざい》ではジャガイモや
トウモロコシのデンプンが
かわりにもちいられる。

# タロイモとヤムイモ

いまから１万年くらい前、人類は野生植物を作物に、野生動物を家畜《かちく》につくりかえて、農業を始めました。

世界各地では、それぞれの自然におうじて、特色のある作物がつくりだされました。東南アジアでは、サトイモのなかまのタロイモや、ヤマイモのなかまのヤムイモのように、イモを利用する作物、イモ類がつくりだされました。

タロイモやヤムイモは、一年中気温が高く、雨の多い気候のもとでは、さかんに生長して大きなイモをつけます。また、イモを畑に植えつければ、簡単《かんたん》にふやすことができます。収穫《しゅうかく》したイモは、落ち葉や石で蒸《む》し焼きにすれば、手軽に食べられます。皮はむきやすく、なべなどの調理道具もいりません。このような理由から、タロイモやヤムイモがだいじな食料となったのです。

さらに東南アジアでは、イモ類以外にも、種を使わず、根や茎《くき》、イモなどの植物の体の一部を植えつけてふやす作物が数多くつくりだされ、栽培《さいばい》されるようになりました。このような作物を基礎《きそ》にした東南アジアの農業は、根栽《こんさい》農耕《のうこう》と呼《よ》ばれます。

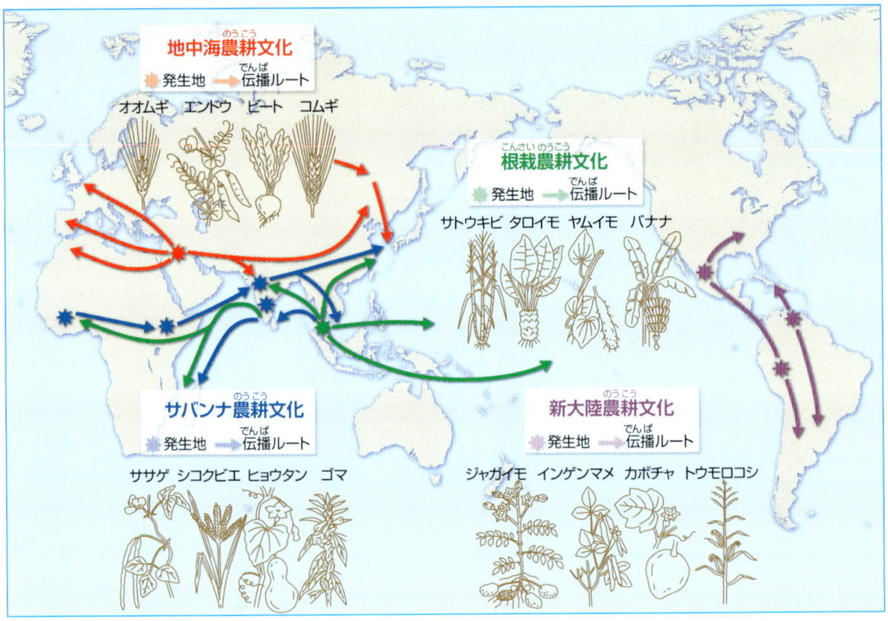


［**世界の農耕《のうこう》文化**〈中尾佐助（1967）による〉］
いまから1万年ほど前、世界の４つの地域《ちいき》では、それぞれに作物がつくりだされ、特色ある農業が始まった。

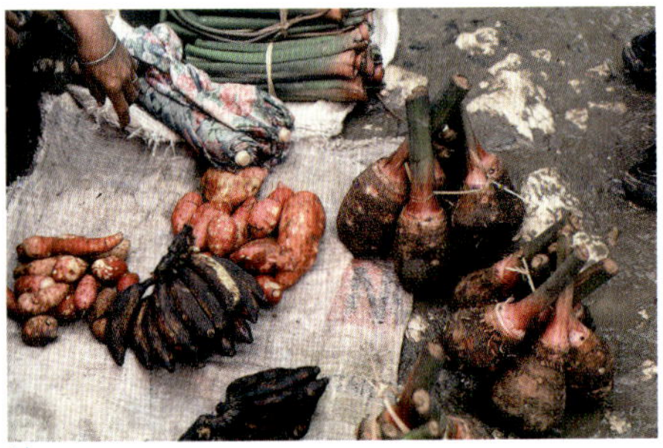

**茎《くき》やイモを植えつける作物**（インドネシア・南スラウェシ州）。
トラジャ人が集まる市場で、売られるタロイモ、サツマイモ、バナナ。3つとも茎《くき》やイモでふやすことのできる作物である。写真の上のほうには、タロイモの茎《くき》が束ねて置いてある。
これは野菜として使われる。

## 茎《くき》やイモでふやす

**上―タロイモの植えつけ**
（インドネシア・東南スラウェシ州）。
タロイモの栽培《さいばい》では、イモの部分を畑に植えつけてふやす。
この男性《だんせい》が持っているイモは、すでに茎《くき》をのばし、葉をひろげている。
**右―タロイモの畑**（インドネシア・東ヌサトゥンガラ州）。
村の中の畑に、タロイモを植えているようす。

## イモを食べる

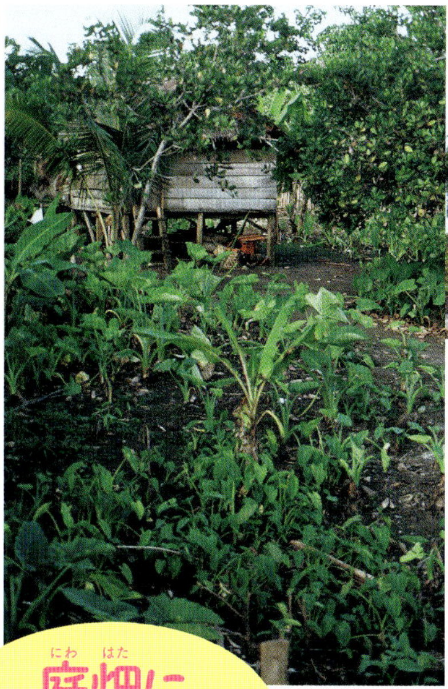

**左—庭先の畑**(インドネシア・東南スラウェシ州)。
陸地の集落。庭先の畑に、タロイモ、バナナ、ジャックフルーツ(18ページを見よう)、ココヤシ(20ページを見よう)などを植えている。このような畑を庭畑《にわはた》という。ひとつの庭畑にたくさんの種類の作物を植えるのは、根栽農耕《こんさいのうこう》の特徴《とくちょう》のひとつ。

**上—裏山《うらやま》の畑**(インドネシア・ゴロンタロ州)。小さな島の集落。
裏山《うらやま》の急な斜面《しゃめん》を耕《たがや》して畑にして、バナナ、ココヤシ、パパイヤなどを植えている。

## 庭《にわ》畑《はた》に植える

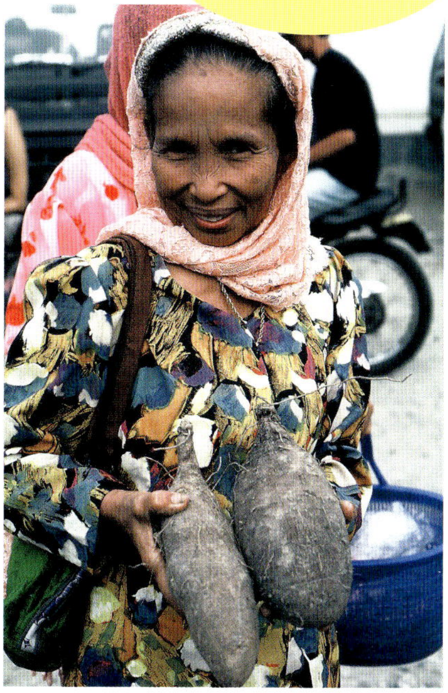

**ヤムイモ**(インドネシア・南スラウェシ州)。
市場でヤムイモを買った女性《じょせい》。選びぬいた2個《こ》を見せてくれているようす。イモにつまったデンプンが熱や力のもととなる。

**魚を食べる**(インドネシア・ゴロンタロ州)。
根栽農耕《こんさいのうこう》では、デンプンや糖分《とうぶん》をふくんだ作物が数多くつくりあげられたが、マメ類や油をとるための作物がなかった。このため、魚や肉類を食べて、タンパク質《しつ》や脂肪《しぼう》を補《おぎな》い、栄養のバランスをとる必要がある。

## タンパク質《しつ》をおぎなう

**下—儀式《ぎしき》のためのタロイモ**(台湾《たいわん》・台東《タイドン》県)。
蘭嶼《ランユ》島のタオ人が、収穫《しゅうかく》したタロイモを山積みにして、儀式《ぎしき》の準備《じゅんび》をしているようす。タオ人の村には、使いみちや収穫期《しゅうかくき》のことなる、たくさんのタロイモの品種がある。

## 根《こん》栽《さい》農《のう》耕《こう》の広がり

**右—タロイモの田んぼ**
(台湾《たいわん》・台東《タイドン》県)。
蘭嶼《ランユ》島のタオ人が、田んぼで栽培《さいばい》するタロイモ。東南アジアの根栽農耕《こんさいのうこう》は、東アジアやオセアニアの島じま、さらにはアフリカにまで広がっていった。

# バナナとサトウキビ

茎《くき》や根、イモでふやす作物には、イモ類のほかに、どのようなものがあるでしょう。バナナとサトウキビについてみてみましょう。

わたしたちがふだん食べている作物のバナナの実には、種がありません。ところが、野生のバナナの実には、黒くてかたい種がいっぱいつまっています。野生バナナはこの種で子孫をふやすのですが、人が実を食べようとすると、種がじゃまをしてうまく食べられません。そこで、人は野生のバナナを種なしの作物のバナナに改良したのです。しかも、種がなくても、バナナの栽培《さいばい》には問題ありません。茎《くき》を植えつければ、ふやすことができるからです。

サトウキビは、砂糖《さとう》の原料になる作物です。茎《くき》にたまった甘《あま》い汁《しる》をしぼりだし、煮《に》つめると砂糖《さとう》ができます。サトウキビを種から育てるのは難《むずか》しいのですが、茎《くき》を植えつければ、簡単《かんたん》にふやせます。世界中の人が砂糖《さとう》を食べられるようになったのは、サトウキビのおかげです。

このように、東南アジアの根栽農《こんさいのう》耕《こう》が生みだした作物は、地元の人びとだけでなく、世界中の人びとの生活も豊《ゆた》かにしています。

## バナナを食べる

**市場のバナナ売り**（インドネシア・南スラウェシ州）。
スラウェシ島南部の
市場では、たくさんのバナナの
品種が売られている。
実の大きさや形、味や食感に
よって品種が分けられており、
地元の人びとは
その特徴《とくちょう》をくわしく知っている。

上─**揚《あ》げバナナ**（インドネシア・北スラウェシ州）。バナナは、調理して食べることも多い。
これは、てんぷらのように衣をつけて、揚《あ》げたもの。熱いうちに食べる。ココナツミルクと砂糖《さとう》で味つけがしてあって、かなり甘《あま》い。

左─「**ゾウの牙《きば》**」（インドネシア・南スラウェシ州）。ゾウの牙《きば》のように、先がまがった形をしているバナナの品種。スラウェシ島南部のエンレカン周辺で栽培《さいばい》され、地元ではもっとも大きなバナナとされている。

## サトウキビから砂糖《さとう》へ

**上左—サトウキビの畑**（中国・雲南省《ユンナン》）。サトウキビの栽培《さいばい》はニューギニアで始まり、インドをへて、世界の熱帯や亜熱帯《あねったい》に広がった。サトウキビの栽培《さいばい》が東南アジアやインド付近に限《かぎ》られていたころ、ヨーロッパでは、砂糖《さとう》はとても貴重《きちょう》なもので、王様や貴族《きぞく》しか食べることができなかった。

**下左—サトウキビをかじる**（タイ・チェンマイ県）。サトウキビの茎《くき》を生でかじる子どもたち。サトウキビは、糖分《とうぶん》と水分を手軽に補給《ほきゅう》できる便利な作物だ。茎《くき》を切り取れば、ペットボトルのように持ち運ぶこともできる。

**上右—サトウキビをしぼる**（ミャンマー・シャン州）。サトウキビの茎《くき》に機械《きかい》で圧力《あつりょく》をかけ、汁《しる》をしぼりとるようす。サトウキビは熱帯や亜熱帯《あねったい》でしか栽培《さいばい》できないが、砂糖《さとう》に加工すれば、遠くまで運べて、長く保存《ほぞん》できる。

**下右—サトウキビの砂糖《さとう》**（ミャンマー・シャン州）。サトウキビの汁《しる》を煮《に》つめて、板のようにかためたもの。

東南アジアでは、サトウキビのほかに、サトウヤシやパルミラヤシからも砂糖《さとう》が作られる。それぞれ、少しずつ風味や味わいの違《ちが》う砂糖《さとう》になる。

## バナナをふやす

**左—野生バナナ**（タイ・チェンマイ県）。細い実の中につまった種は、チョコボールくらいの大きさで、とてもかたい。そのまま実を食べようとすると、種が歯に当たって、痛《いた》い思いをする。食べられる実の部分も少ない。

**右—バナナの苗《なえ》**（インドネシア・南スラウェシ州）。作物のバナナに種はないが、茎《くき》の植えつけによってふやすことができる。バナナの根元から生えてくる茎《くき》を切りとって、苗《なえ》にする。

## パンノキ

**パンノキ**（インドネシア・東ジャワ州）。クワのなかまの樹木《じゅもく》。茎《くき》でふやす根栽農耕《こんさいのうこう》の作物のひとつ。ソフトボールくらいの大きさの平たい実は、焼くとイモとパンの中間のような味の食べ物になる。バナナと同じように種なしの品種もある。マレーシア付近原産で、ポリネシアの島じまへと広がった。

# サゴヤシ

根栽農耕《こんさいのうこう》のもうひとつの特徴《とくちょう》は、一度植えたら、何年もの間生育を続ける、多年生《たねんせい》の性質《せいしつ》をもった作物が活用されることです。

ヤシのなかまのサゴヤシも、多年生の作物のひとつです。サゴヤシには、幹《みき》にデンプンがたまる性質《せいしつ》があります。このデンプンが、食料として利用されてきました。

幹《みき》からデンプンを取り出すときには、つぎのような手順で行います。まず、サゴヤシを切り倒《たお》し、幹《みき》の真ん中の部分を細かくくだきます。そして、くだいた幹《みき》を水につけてもみ洗いし、デンプンを水にとかし出します。最後に、この水を網《あみ》でこして、デンプンを集めるのです。

サゴヤシは、植えてから10～15年で高さ15メートルほどに育ち、およそ200キログラムのデンプンを幹《みき》にためこみます。そのあいだ、とくに世話をする必要はありませんし、収穫《しゅうかく》のときには、わずか数時間働くだけで、大量のデンプンを一気に手に入れることができます。

島の人びとは、時期をずらしてサゴヤシを植え、サゴヤシの林をつくっておきます。こうすれば、食料貯蔵庫《ちょぞうこ》のかわりになるのです。

## サゴヤシはどんな植物か

**上─サゴヤシ**(インドネシア・東南スラウェシ州)。
ニューギニア島からモルッカ諸島《しょとう》周辺原産のヤシのなかま。植えてから15年ほどたつと花が1回だけ咲《さ》き、その後、枯《か》れてしまう性質《せいしつ》がある。花が咲《さ》く直前、幹《みき》のデンプンの量がもっとも多くなる。

**右─白いデンプン**(インドネシア・東南スラウェシ州)。
サゴヤシの幹《みき》から取り出された白いデンプン。これはややしめった状態《じょうたい》。

サゴヤシを切り倒《たお》し、幹《みき》の真ん中をくだいているところ。幹《みき》はおがくずのように細かくされる。

## デンプンを取り出す
（インドネシア・中スラウェシ州）

くだいた幹《みき》を緑色の網《あみ》の袋《ふくろ》に入れて、水を流してもみ洗いをするようす。デンプンがとけ出して、水がすっかり白くなっている。

白い水を網《あみ》でこすと、デンプンが集まってくる。この後、しばらく置いておき、水気を切る。

## デンプンを料理する
（インドネシア・ゴロンタロ州）

収穫《しゅうかく》したデンプンは、筒型《つつがた》にパックされて、市場に出荷される。このときには、やや水分をふくんで、しっとりとした状態《じょうたい》である。

市場で買ってきたデンプンをふるいにかけ、繊維《せんい》を取りのぞいてから料理する。サゴヤシ専用《せんよう》のふるいは、市場の雑貨屋《ざっかや》で買うことができる。

デンプンをフライパンでいためるようす。この家では、近くの海でとれた焼き魚をおかずに、サゴヤシデンプンを食べていた。少しぼろぼろするが、手でつまんで食べる。団子《だんご》にして、スープの具にすることもある。

## デンプンを加工する

**サゴヤシのクッキー**（インドネシア・東南スラウェシ州）。サゴヤシのデンプンは、さまざまな方法で加工することができるため、工場に集めて、機械で完全に乾燥《かんそう》させた後、日本などの外国に輸出《ゆしゅつ》している。この写真は、カシューナッツをトッピングしたサゴヤシのクッキー。

# 3 作物をめぐる暮《く》らし

## イネ

東南アジア島嶼部《とうしょぶ》の人びとは、さまざまな作物をとりいれ、農業のしくみをつくりあげてきました。自分や家族が直接《ちょくせつ》食べるためだけでなく、都市や外国の人たちに産物を売ってお金をかせぐために、農業をすることが多くなっています。

東南アジア島嶼部《とうしょぶ》の人びとは、現在《げんざい》、米を主食にしていて、平地から山地まで、さまざまな場所の田んぼでイネを栽培《さいばい》しています。ウシを使って土を耕《たがや》し、手作業で穂《ほ》をつみとって収穫《しゅうかく》するなど、昔からのやり方が続いている場所もあります。いっぽう、水路の設備《せつび》をととのえ、トラクターなどの機械を使って、1年に2回3回と収穫《しゅうかく》するなど、近代的な技術《ぎじゅつ》を受け入れた場所もあります。

では、人びとは、米をどのように食べているのでしょうか。毎日の食事には、ウルチ米を炊《た》いたご飯を食べます。おかずは、野菜や肉の煮物《にもの》、いためもの、スープなどです。手軽な食事に、チャーハンを食べることもよくあります。

いっぽう、モチ米はお菓子《かし》の材料になります。砂《さ》糖《とう》やココナツミルクをたっぷり入れた甘《あま》いお菓子《かし》を、おやつや朝ご飯のときに食べます。

### 田んぼの風景

**フローレス島の田んぼ**(インドネシア・東ヌサトゥンガラ州)。
山の斜面《しゃめん》にそって、小さな田んぼを階段《かいだん》のようにならべた棚田《たなだ》のようす。
川から引いた水を、まんべんなく行き渡らせている。

**スラウェシ島の田んぼ**(インドネシア・南スラウェシ州)。
2頭のウシを使って、田んぼの土を平らにならしているようす。南スラウェシ州の平野は稲作《いなさく》のさかんなところで、ここでとれた米はインドネシア各地に出荷される。

**ジャワ島の田んぼ**(インドネシア・中ジャワ州)。
イネの苗《なえ》を束ねて、田植えの準備《じゅんび》をするようす。
すぐ後ろの田んぼでは、イネの穂《ほ》がみのって、
黄色くなっている。このように、田植えと稲刈《いねか》りが
同じ時期に行われることもある。

### イネの品種

**6種類の品種**(インドネシア・西ヌサトゥンガラ州)。
スンバワ島の村で栽培《さいばい》されていたイネの品種。
収穫《しゅうかく》する時期が早いもの、遅《おそ》いもの、
その中間のものなど、特徴《とくちょう》の異《こと》なる品種を
組み合わせて栽培《さいばい》している。

## イネの収《しゅう》穫《かく》
（インドネシア・南スラウェシ州）

**稲刈《いねか》り。**
稲刈《いねか》りをする
トラジャ人の女性《じょせい》たち。
手作業でイネの穂《ほ》をつみとり、
小さく束ねている。

**稲穂《いなほ》を運ぶ。**
小さな稲穂《いなほ》の束を大きな束に
まとめて、天秤棒《てんびんぼう》でかつぎ、村に
向かう男性《だんせい》。後ろの方では、
子どもが同じようにかついでいる。

**稲穂《いなほ》を保存《ほぞん》する。**
米倉《こめぐら》の下の板張《いたば》りの床《ゆか》に
イネの穂《ほ》の束を集めて置いてあるようす。
束のまま保存《ほぞん》しておいて、食べるときに
脱穀《だっこく》、精米《せいまい》することもある。

**ウルチ米のご飯**（インドネシア・南スラウェシ州）。おかずは、焼き魚にトマトやトウガラシの辛《から》いソースをつけたもの。ご飯といっしょに、手で食べる。ご飯はほどよくさめていて、手でじかにさわっても熱くはない。イネの品種や炊《た》き方が違《ちが》うため、日本のご飯にくらべてややぱさぱさした感じがする。

## 米を食べる

**右―モチ米のお菓子《かし》①**
（インドネシア・南スラウェシ州）。
モチ米をバナナの葉でくるみ、
蒸《む》し焼きにしたもの。
モチ米がしっとりしていて香《こう》ばしく、
ココナツミルクの風味がしておいしい。

**米と魚の料理を手で食べる人**
（インドネシア・ジャカルタ市　大村次郷《おおむらつぐさと》撮影）。

**上―モチ米のお菓子《かし》②**（インドネシア・南スラウェシ州）。
黒いモチ米と細かくきざんだココヤシの胚乳《はいにゅう》（20ページを見よう）を、かまぼこのような形の型に入れて焼いたもの。
うすく切り分けて食べる。さくさくして香《こう》ばしい。

**右上―モチ米のお菓子《かし》③**（インドネシア・ゴロンタロ州）。
モチ米をココナツミルクといっしょに竹筒《たけづつ》につめ、
蒸《む》し焼きにしたもの。同じような食べ方は、東南アジアの
各地に見られる。竹さえあれば作ることができるため、
かなり古い時代から行われていた調理法と考えられる。

**右―モチ米のお菓子《かし》③**（インドネシア・南スラウェシ州）。
食べるときには、バナナの皮をむくように竹をむいて、
中身を取り出す。

# 熱帯の果物

東南アジアの島じまの市場では、あざやかな色やおもしろい形をした果物がならんでいます。その中には、東南アジア原産のものや、熱帯でしか栽培《さいばい》できないものがたくさんあります。熱帯の果物は日本にも輸入《ゆにゅう》されていますが、産地で食べると、新鮮《しんせん》で、甘《あま》みや香《かお》りが強く、とくにおいしく感じられます。

東南アジア原産の果物には、ドリアン、マンゴー、ランブータン、ジャックフルーツ、マンゴスチン、フトモモ、オレンジ、グレープフルーツなどがあります。東南アジア以外の熱帯から持ちこまれた果物、たとえば南アメリカ原産のパイナップル、パパイヤ、アボカド、アフリカ原産のスイカなどもさかんに栽培《さいばい》されています。

このような果物は、熟《じゅく》した実を切り分けて生で食べるほか、ジュースやお菓子《かし》、アイスクリームに加工されることもあります。

さらに、若《わか》い実や花、葉を野菜のように調理しておかずにしたり、香《かお》りや酸味《さんみ》をつけるための調味料として料理に加えたりするなど、はば広い使いみちがあります。

## さまざまな色と形

上—ドリアン(タイ・ラノン県)。カボチャくらいの大きさの実から、とげのついた緑色の皮をむき、黄色いクリームのような果肉を食べる。果肉の中には、大きな茶色の種がある。独特《どくとく》の強いにおいがあるため、好きな人は大好きだが、きらいな人はまったく食べられないということになる。

下—ジャックフルーツ(インドネシア・東ヌサテンガラ州)。パンノキのなかまの植物。重さ10キログラムにもなる大きな楕円形《だえんけい》の実をつける。熟《じゅく》した実の黄色い果肉を生で食べる。若《わか》い緑色の実を野菜として料理することもある。

上から—マンゴスチン(インドネシア・北スラウェシ州)。ミカンくらいの大きさの実。緑色のへたを下にして持ち、紫色《むらさきいろ》の厚《あつ》い皮を横方向に割《わ》り、ふたのように開ける。中にならんだ白い果肉は、やわらかく、よい香《かお》りがする。

フトモモ(インドネシア・東南スラウェシ州)。フトモモの実は円錐形《えんすいけい》で、品種によって、長いものや平たいもの、ピンク色のものや緑色のものがある。そのまま丸かじりして、さくさくした食感を楽しむ。この写真では、持ち運びしやすいように、細く切った竹を実に突《つ》き刺《さ》している。

右—マンゴーとランブータン(インドネシア・南スラウェシ州)。路上の果物屋さん。赤い実のランブータンと、マンゴーの若《わか》い緑色の実と熟《じゅく》した黄色い実を売っている。マンゴーの若《わか》い実は、うすくスライスして、砂糖《さとう》とトウガラシの粉をまぜたものにつけて食べる。マンゴーはウルシのなかまの植物なので、かぶれやすい人は注意しよう。

## 果実を食べる

**左上―ジュースとアイス**（インドネシア・ジャカルタ特別州）。インドネシア語で書かれた喫茶店《きっさてん》のメニュー。果実をしぼった新鮮《しんせん》なジュースと、かき氷、シェイクなどがある。

**左―果物のジュース**（インドネシア・ジャカルタ市　大村次郷《おおむらつぐさと》撮影《さつえい》）

**上―果物屋さん**（フィリピン・南コタバト州）。果物は１キログラムあたり、いくらという値段《ねだん》がついている。買うときには、おいしそうな実を慎重《しんちょう》に選んで、重さをはかってもらう。

## 野菜として食べる

**上―パパイヤの花**（インドネシア・南スラウェシ州）。
市場の野菜売り場にならんだパパイヤのつぼみと花。
実は緑色で細長く、熟《じゅく》すと中の果肉がオレンジ色になる。

**下―パパイヤの花の煮物《にもの》**（インドネシア・北スラウェシ州）。
ランチのメニューは、パパイヤの花とカボチャの煮《に》つけ、焼き魚、ご飯である。花自体の味は、ほとんどない。

**上―ランブータンの木**（インドネシア・南スラウェシ州）。
ランブータンの実は、卵《たまご》をひとまわり小さくしたくらいの大きさ。皮は赤く、毛のようなとげがまばらに生える。実の中央に切れ目を入れた後、上半分の皮をはがすと、中から半透明《はんとうめい》の果肉が現《あらわ》れる。果肉はややかたいが、みずみずしくて甘《あま》い。

# ヤシ

ヤシのなかまの植物には、およそ2500もの種類があり、そのほとんどが熱帯に生えています。島に住む人びとは、食べ物、飲み物、道具や家の素材《そざい》など、たくさんの方法でヤシを活用してきました。

ココヤシは、高さ30メートルにもなる大型のヤシです。１本の幹《みき》をまっすぐにのばし、その先に鳥の羽のような形の葉がかたまってつきます。花は葉の柄《え》のわきに咲《さ》き、やがて実がなります。

ココヤシの若《わか》い実の中にふくまれる液体《えきたい》は、ジュースとして飲むことができます。熟《じゅく》した実の中の胚乳《はいにゅう》を削《けず》りとり、水とまぜてしぼったものがココナツミルクで、調味料として料理に使われます。胚乳《はいにゅう》をつつむかたい殻《から》はスプーンやカップを作る素材《そざい》として、さらにその外側の厚《あつ》い皮はロープやたわしを作る素材《そざい》や、燃《ねん》料《りょう》として使われます。葉や幹《みき》は、家を作る建材になります。

サトウヤシからは、砂糖《さとう》やお酒を作ります。花の柄《え》を切り取り、中から出てくる甘《あま》い液体《えきたい》を集めます。この液体《えきたい》を煮《に》つめると砂糖《さとう》になり、ほうっておくと自然に発酵《はっこう》してお酒になるのです。

**下—ココヤシ**（インドネシア・東ヌサテンガラ州）。
フローレス島で栽培《さいばい》されるココヤシ。緑色の実を収穫《しゅうかく》し、道のわきに集めているようす。枝《えだ》が出ず、幹《みき》が太らないことがヤシのなかまと他の樹木《じゅもく》との大きな違《ちが》いである。

**右—ココヤシの実**（インドネシア・南スラウェシ州）。
幹《みき》の先、葉の根もとに緑色の実がなったようす。実はバレーボールくらいの大きさがあり、落ちてくると危険《きけん》なので、ココヤシの木の真下に入ってはいけない。

ココヤシ

ラタン

サラッカ

**上—ラタン**（インドネシア・ゴロンタロ州）。
ラタンは、幹《みき》がつるのように伸《の》びる性質《せいしつ》をもったヤシのなかま。ロープやかご、家具などの材料となる。写真は、ラタンで作ったしかけ。これを海に沈《しず》め、魚をおびき寄《よ》せる。

**下—サラッカ**（インドネシア・南スラウェシ州）。ヤシのなかまの植物で、実を果物として利用する。実は、ミカンくらいの大きさで、ヘビのうろこのような茶色くてうすい皮につつまれている。皮をむくと、さくさくとした食感の白い果肉がつまっている。

**上左から—ココヤシの胚乳《はいにゅう》**(インドネシア・中スラウェシ州)。熟《じゅく》したココヤシの実の皮をむいて、茶色い殻《から》を取り出したところ。殻《から》の内側にくっついた、白い部分が胚乳《はいにゅう》である。種が芽《め》を出すとき、胚乳《はいにゅう》が養分となる。

**ココヤシを割《わ》る**(インドネシア・中スラウェシ州)。ココヤシの殻《から》はかたい。胚乳《はいにゅう》を取り出すときには、棒《ぼう》の先につけたナイフに力強くたたきつけて、半分に割《わ》ってやる。

**コプラ**(インドネシア・中スラウェシ州)。ココヤシの胚乳《はいにゅう》を乾燥《かんそう》させたものをコプラという。コプラは日本などに輸出《ゆしゅつ》されて、工場でココナツミルクを作るのに使われる。東南アジア島嶼部《とうしょぶ》では、大規模《だいきぼ》にココヤシを栽培《さいばい》し、コプラを生産する農園が作られている。

**ココヤシの殻《から》**(インドネシア・南スラウェシ州)。ココヤシの胚乳《はいにゅう》をつつむ殻《から》で作った大形のスプーン。殻《から》は軽くて、丸みをおびているので、スプーンや食器などを作るのにちょうどいい素材《そざい》となる。

**右—ココヤシの殻《から》**(手前)**と皮**(奥《おく》)(タイ・チェンマイ県)。殻《から》はうすくてかたい。皮は厚《あつ》く、繊維《せんい》がつまっている。

## ココヤシの利用

## サトウヤシ

**上左—サトウヤシ**(インドネシア・東南スラウェシ州)。葉のつけ根から、緑色の球のようなものがたれ下がっているが、これが花である。この花の柄《え》から甘《あま》い汁《しる》を集める。パルミラヤシというヤシでも、サトウヤシと同じように甘《あま》い汁《しる》を集めて、砂糖《さとう》を作る。

**上右—サトウヤシのお酒**(インドネシア・南スラウェシ州)。トラジャ人の男性《だんせい》が、サトウヤシの甘《あま》い汁《しる》から作ったお酒を、竹の筒《つつ》に入れて運んでいるようす。ビールのように、お酒から泡《あわ》が出ている。

**下—サトウヤシの砂糖《さとう》**(インドネシア・南スラウェシ州)。サトウヤシの甘《あま》い汁《しる》を煮《に》つめて作った砂糖《さとう》のかたまり。濃《こ》い茶色をしているのが特徴《とくちょう》で、写真のものは、ひとつがサツマイモくらいの大きさをしている。少しずつ削《けず》りとって使う。

## 【アブラヤシ】

植物油の原料となる作物にはダイズやトウモロコシなどがあります。なかでもアフリカ西部を原産地とするアブラヤシは、品質《ひんしつ》がよく、価格《かかく》が安いなどの理由から、今日、注目を集めています。石けんやシャンプーの材料となったり、マーガリンの主原料となったりします。そのアブラヤシの85パーセントちかくをマレーシアとインドネシアの2カ国が生産しています。熱帯林を伐採《ばっさい》した跡地《あとち》がアブラヤシのプランテーション(単一作物農園)として利用されているからです。わたしたち消費者《しょうひしゃ》にとっても、油が安定的に利用できることは重要ですが、そのいっぽうで伐採跡地《ばっさいあとち》にすむオランウータンなどの野生動物が絶滅《ぜつめつ》の危機《きき》に瀕《ひん》していることも知っておく必要があります。

**上—アブラヤシ**(マレーシア・パハン州)

**右—アブラヤシ園**(マレーシア・パハン州)

# スパイスと飲み物

食べ物として利用される植物には、デンプン、タンパク質《しつ》、脂肪《しぼう》、ビタミンなどの栄養素がふくまれています。植物を食べて、栄養素《えいようそ》を体にとりいれることによって、人は成長したり、活動したりできるわけです。

ところが、植物の中には、栄養面では必要とはいえないのに、しばしばテーブルに出てくるものがあります。それが、スパイスになる植物と、飲み物になる植物です。

食べ物に香《かお》りや辛《から》み、色をつけるために使われる熱帯の植物をスパイスといいます。東南アジアの島じまは、ニクズクやチョウジといったスパイスの原産地です。アメリカ大陸から伝わったトウガラシは、独特《どくとく》の辛《から》みが好まれ、広く使われるようになりました。

飲み物になる植物には、中国原産のチャ、アフリカ東部原産のコーヒー、中央アメリカ原産のカカオなどがあり、人をもてなすときやリラックスしたいときに飲まれます。このうち、コーヒーとカカオは、熱帯や亜熱帯《あねったい》でしか栽培《さいばい》できません。インドネシアは、コーヒーとカカオの生産量のとくに多い国で、スマトラ島やスラウェシ島から世界の国ぐにに出荷されています。

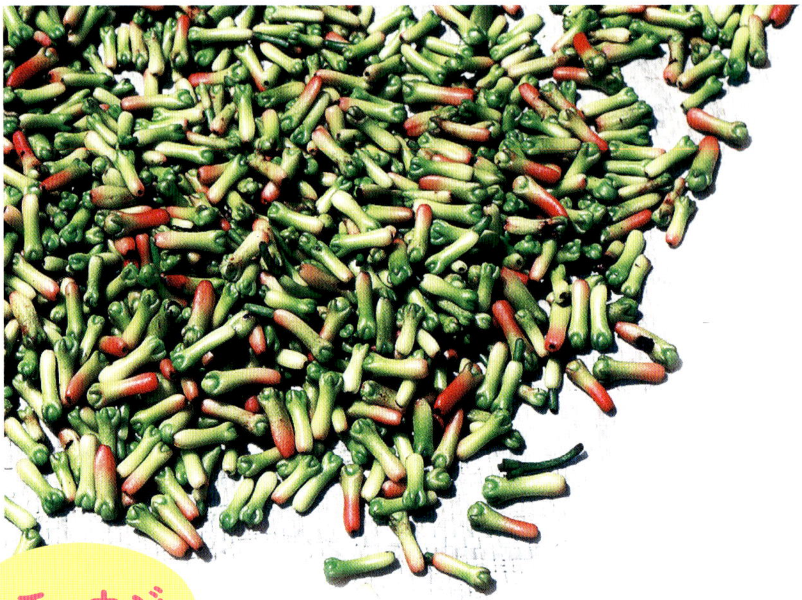

## チョウジ

**上—チョウジ**（インドネシア・南スラウェシ州）。フトモモ（18ページを見よう）のなかまの植物。クローブと呼《よ》ばれることもある。高さ5～10メートルほどの樹木《じゅもく》。花が咲《さ》く前のつぼみをつんで、乾《かわ》かすとスパイスとなる。料理や化粧品《けしょうひん》、薬品などの香《かお》りづけに使われるほか、殺菌力《さっきんりょく》があるため薬にもなる。

**中—チョウジ**（インドネシア・南スラウェシ州）。庭でチョウジの木を栽培《さいばい》しているようす。収穫《しゅうかく》するときには、はしごを使って木にのぼり、つぼみを手で集める。

**右—チョウジ**（インドネシア・ゴロンタロ州）。チョウジのつぼみを日に干《ほ》して、乾《かわ》かしているようす。チョウジやニクズクは、交易《こうえき》によって中国やヨーロッパに運ばれ、スパイスとしてだけでなく、薬としても利用された。

## ニクズク

**上左—ニクズク**（インドネシア）。高さ10～20メートルほどの樹木《じゅもく》。ピンポン玉くらいの大きさの実から、2種類のスパイス、ナツメグとメースを作る。種の部分がナツメグ、種をつつんでいる赤い網《あみ》のような部分がメースである。どちらも、料理やお菓子《かし》の香《かお》りづけに使われる。

**上右—ニクズク**（インドネシア）。ナツメグとメースを分けて、乾《かわ》かしているようす。ニクズクの栽培《さいばい》は、インドネシア、アフリカ東部、西インド諸島《しょとう》などで行われている。

# トウガラシ

**左―トウガラシ**（インドネシア・南スラウェシ州）。
中央アメリカと南アメリカ原産の
ナスのなかまの作物。
実や種に、辛《から》さのもととなる
カプサイシンという物質《ぶっしつ》がふくまれる。
実の形や大きさ、色、辛《から》さのことなる、
さまざまな種類があり、
料理によって使いわける。
**左下―サンバル**（インドネシア・南スラウェシ州）。
インドネシアでは、揚《あ》げ魚や焼き魚を
食べるとき、サンバルという赤いソースを
つける。サンバルは石でできた皿と
すりこぎを使って、ハーブやスパイス、
トマトを混《ま》ぜ合わせて作る。とくに
トウガラシの辛味《からみ》が欠かせない。

# カカオとコーヒー

**上―カカオ**（インドネシア・南スラウェシ州）。
中央アメリカ原産。高さ4～10メートルの樹木《じゅもく》で、
幹《みき》に直接《ちょくせつ》花が咲《さ》き、実がなる性質《せいしつ》がある。
16世紀、中央アメリカのアステカ文明では、
王様や貴族《きぞく》、戦士の貴重《きちょう》な飲み物として、
カカオにトウモロコシの粉や
トウガラシを加えたものが飲まれていた。
また、お金としても使われていた。
**上下―カカオ豆**（インドネシア・南スラウェシ州）。
カカオの実から取り出した種を発酵《はっこう》させた後、
乾燥《かんそう》させたものをカカオ豆と呼《よ》ぶ。カカオ豆を
炒《い》ったあと、粉にして、砂糖《さとう》やミルクなどと混《ま》ぜて
固めて、チョコレートを作る。
また、カカオ豆の粉から脂肪《しぼう》を半分ほど
取りのぞき、お湯にとけやすくしたものが
ココアである。

**上―コーヒー**（インドネシア・東ヌサトゥンガラ州）。
アフリカ西部原産の樹木《じゅもく》で高さ4メートルほどに
なる。枝《えだ》に白い花が咲《さ》いた後、アーモンドくらいの
大きさの赤い実がなる。この実から果肉を
取りのぞき、取り出した種がコーヒー豆である。
コーヒーはアフリカから、6世紀ごろにアラビアに
伝わり、15世紀にはヨーロッパに広まった。

**左上―コーヒー豆の選別**（インドネシア・南スラウェシ州）。
コーヒー豆を乾《かわ》かしながら、品質《ひんしつ》の悪いものを
取りのぞくようす。おばあさんと孫が
おしゃべりしながら作業している。
**左―コーヒー豆とカカオ豆**（インドネシア・南スラウェシ州）。タナ・トラジャ県では、山の畑で、コーヒーや
カカオが栽培《さいばい》されている。収穫《しゅうかく》したコーヒー豆
（手前）やカカオ豆（奥《おく》）を市場に出荷して、
業者に売る。

# 家、船、衣服

植物から得られる素材《そざい》は、家や船、衣服を作るためにも利用されてきました。

家を作るためには、森林の樹木《じゅもく》が建材として利用されてきました。おもなものに、フタバガキ、コクタン、シタン、竹などがあります。

島に暮《く》らす人びとにとって、船は移動《いどう》のための大切な乗り物です。海に出て島じまをめぐり、魚を獲《と》ったり、交易《こうえき》をしたりするためには船がいります。森林の樹木《じゅもく》であるボルネオテツボクやサラノキのなかまは、船の材料として使われます。

衣服については、カジノキの皮をたたきのばした樹皮《じゅひ》布《ふ》が、古くから使われてきました。やがて、カイコから作った絹糸《けんし》や、ワタから作った綿糸《めんし》をおもな素材《そざい》に、布《ぬの》が織《お》られるようになります。ほかにも、マニラアサやパイナップルが、布《ぬの》の素材《そざい》に使われました。

糸や布《ぬの》に色をつけるためには、キアイやスオウ、ウコンなどの染料《せんりょう》植物が用いられます。糸を染《そ》め分けてから織《お》るイカットや、布《ぬの》の上にろうで模様《もよう》を描《えが》くバティックなどの技術《ぎじゅつ》によって、布《ぬの》が美しくいろどられます。

家を建てる

上—ミンダナオ島の家（フィリピン・南コタバト州）。
竹を建材に柱を組んで、地面から高い位置に床《ゆか》を作る高床式《たかゆかしき》の家である。

右—スンバワ島の米倉《こめぐら》（インドネシア・西ヌサテンガラ州）。
大きな屋根の中に、米をためておく。

船を作る

左—船を作る（インドネシア・ゴロンタロ州）。
島の海岸に作られた造船所《ぞうせんじょ》。船大工が働いている。

下—舟《ふね》で移動《いどう》する（インドネシア・ゴロンタロ州）。
海辺の村で、丸木舟《まるきぶね》をあやつる子ども。陸地の村の子どもが、自転車にのって出かけるようすとよく似《に》ている。

**上左―ワタ**(インドネシア・南スラウェシ州)。
繊維《せんい》をとるための作物。高さ1～1.5メートルほどの草で、
黄色、白色または赤色の花が咲《さ》き、実をつける。
アメリカ、アフリカ、インドでつくりだされた
4種類のワタが、現在《げんざい》おもに利用されている。
日本には室町《むろまち》時代に伝えられ、
江戸《えど》時代に栽培《さいばい》が全国に広がった。
**上右―綿花《めんか》**(インドネシア・南スラウェシ州)。ワタの熟《じゅく》した
実の中から綿毛《わたげ》がとびだし、ボールのような綿花《めんか》になる。

# 衣服を作る

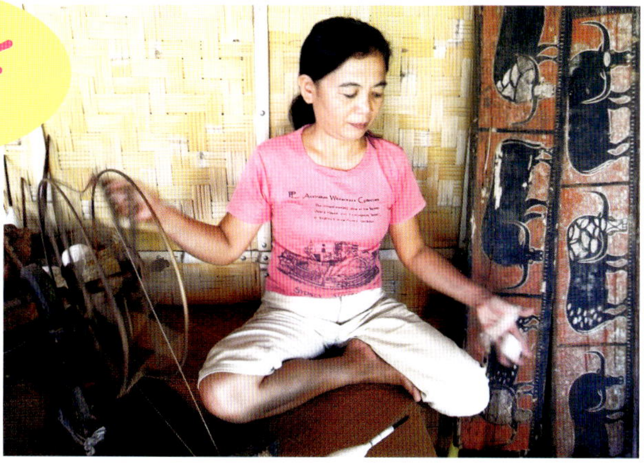

**上左―綿糸《めんし》をつむぐ**(インドネシア・南スラウェシ州)。
綿花《めんか》から種を取りのぞいた後、
繊維《せんい》を引きだし、よりをかけて、綿糸《めんし》を作る。
**上右―イカットを織《お》る**(インドネシア・南スラウェシ州)。
トラジャ人の職人《しょくにん》が、イカットを織《お》っているようす。
イカットの場合には、布《ぬの》を織《お》る前に、
たて糸とよこ糸のいずれか、あるいは両方を
部分的に染《そ》め分けて模様《もよう》にする。
イカットの技法《ぎほう》は世界各地で行われており、
日本では絣《かすり》と呼《よ》ばれる。

**左―フローレス島のイカット**
(インドネシア・東ヌサテンガラ州)。
市場でイカットを売る女性《じょせい》。
筒状《つつじょう》に縫《ぬ》いあわせたイカットを、
スカートのように
腰《こし》に巻《ま》きつけて着ている。
寒いときには、頭の上から
すっぽりとかぶる。

**上―ティナラク**(フィリピン・南コタバト州)。
ミンダナオ島南部に住むティボリ人の職人《しょくにん》が
製作《せいさく》する伝統的《でんとうてき》な織物《おりもの》。
マニラアサの繊維《せんい》を材料に、腰機《こしばた》を使って織《お》られる。
イカットの技法《ぎほう》によって、模様《もよう》が描《えが》き出されている。
**左―ジャワ島のバティック**(インドネシア・中ジャワ州)。
バティックとは、細い管を使って、
ろうで綿布《めんぷ》に細かい模様《もよう》を描《えが》く、
ろうけつ染《そ》めの技法《ぎほう》のことである。
東南アジア島嶼部《とうしょぶ》では、おもにジャワ島で
作られており、ジャワ更紗《さらさ》と呼《よ》ばれる。
インドネシアのバティックは、2009年、
ユネスコの世界無形文化遺産《いさん》に登録《とうろく》された。

# 4 文化をうけつぐ

## 伝《でん》統《とう》文化と観光

東南アジアの島じまには数多くの民族集団が暮《く》らしており、さまざまな言葉や社会のしくみ、生活のしかたがあります。しかし、国の共通語を使い、遠くの街で勉強や仕事をする人が増《ふ》えるにつれ、伝統的《でんとうてき》な儀《ぎ》式《しき》や芸能《げいのう》、工芸《こうげい》などをうけつぐ人がしだいに少なくなってきました。そのような中、観光と結びつけながら、伝統文化《でんとうぶんか》を保存《ほぞん》していこうとする動きがあります。フィリピンとインドネシアの例を紹介《しょうかい》しましょう。

ティボリ人は、フィリピンのミンダナオ島南部の先住民です。多くのティボリ人が住むレイクセブ町では、観光開発とともに、ティボリの芸能《げいのう》や工芸《こうげい》が紹介《しょうかい》されるようになりました。

インドネシア、スラウェシ島のトラジャ人は、トンコナンと呼《よ》ばれる船型《ふながた》屋根の家や米倉《こめぐら》を建てることで知られています。その社会では葬式《そうしき》に大きな意味があり、1年以上の日数と大金をつぎこんで、盛大《せいだい》な儀《ぎ》式《しき》を行います。1970年代から、村の景色やめずらしい儀礼《ぎれい》を見ようと、観光客が訪《おとず》れるようになりました。現在《げんざい》トラジャの人びとは、観光客に村や儀礼《ぎれい》を公開しながら、先祖《せんぞ》からの慣習《かんしゅう》をうけついでいます。

ティボリ
（フィリピン・南コタバト州）

上―**民族衣装《いしょう》**。ティボリの民族衣装《いしょう》を着た女性《じょせい》。黒いブラウス、腰《こし》にまく布《ぬの》、髪飾《かみかざ》り、首飾《くびかざ》りを身につけている。

右―**音楽の演奏《えんそう》**。博物館で、ティボリの伝統《でんとう》音楽が演奏《えんそう》されるようす。木製《もくせい》の弦楽器《げんがっき》と金属製《きんぞくせい》の打楽器の実際《じっさい》の音色を耳にすることができる。

下左―**セブ湖の風景**。標高《ひょうこう》700メートルの山地にあるレイクセブ町には、涼《すず》しい気候やセブ湖の美しい風景をもとめて、観光客が訪《おとず》れる。

下右―**みやげものを売る**。ホテルの売店に集まる観光客。ティボリ人が作ったアクセサリーやストラップが売られている。

# トラジャ
（インドネシア・南スラウェシ州）

**トラジャの風景**。トラジャ人は、スラウェシ島南部のタナ・トラジャ県とその周辺の山間部に住んでいる。田んぼでの稲作《いなさく》や、コーヒーやカカオ、野菜の栽培《さいばい》などが行われている。

**トンコナン**。トンコナンを正面からみたところ。船型屋根が大きく張《は》りだし、壁《かべ》は彫刻《ちょうこく》で飾《かざ》られている。トンコナンはトラジャ人の親族が共同で建てた家で、おもに儀式《ぎしき》に使われる。米倉《こめぐら》として建てられたものもある。

左—**岩壁《がんぺき》の墓地《ぼち》**。岩壁《がんぺき》に棺《かん》おけをとりつけ、遺体《いたい》をおさめているようす。

下—**岩壁《がんぺき》の墓地《ぼち》**。岩壁《がんぺき》の洞窟《どうくつ》に遺体《いたい》を埋葬《まいそう》する。亡《な》くなった人の姿《すがた》に似《に》せて作った人形「タウタウ」がいっしょに置いてある。

下右—**まだらのスイギュウ**。トラジャ人の葬式《そうしき》では、スイギュウやブタを殺し、参列した人に肉を分配する習慣《しゅうかん》がある。とくに、まだら模様《もよう》のスイギュウの価値《かち》が高く、身分の高い人の葬式《そうしき》には欠かせないため、ふだんから飼《か》っておく。

下—**県境《けんざかい》の門**。観光客の多くは、南スラウェシ州の州都ウジュンパンダンから、自動車やバスに乗ってトラジャ人の村まで出かける。タナ・トラジャ県の県境《けんさかい》に建てた門に、トンコナンを飾《かざ》って、観光客を歓迎《かんげい》しているようす。最近では山でトレッキングをする人も増《ふ》えている。

右—**クテケス村**。観光の中心地となるランテパオの町の周辺には、観光のために公開している村がいくつかある。クテケス村もそのひとつで、古いトンコナンを見に、観光客が集まってくる。村の入り口で入場料を支払《しはら》うしくみになっている。

右端《みぎはし》—**みやげものを売る**。トラジャの人びとは、伝統的《でんとうてき》な工芸《こうげい》の技術《ぎじゅつ》を活かして、みやげものを作り、観光客に販売《はんばい》している。木彫《きぼ》り、織物《おりもの》、ビーズ細工などがある。

# 5 海に生きる技術《ぎじゅつ》

## 海のオオワシと船材の森

ここからは、東南アジアの島嶼部《とうしょぶ》の海辺に生きる人びとの暮《く》らしを紹介《しょうかい》します。まずは、海の暮《く》らしに欠かせない船からみてみましょう。船は生活《せいかつ》必需品《ひつじゅひん》を運ぶ運搬用《うんぱんよう》と漁業用とに分けられます。

運搬船《うんぱんせん》の代表はインドネシアのピニシ船です。現在《げんざい》はエンジンで動いていますが、もともとは風を受けて進む帆船《はんせん》でした。帆《ほ》を広げた雄大《ゆうだい》な姿《すがた》から「海のオオワシ」と呼《よ》ばれたりします。

ピニシの特徴《とくちょう》は、チークなどの高級材ではなく、曲がった部分には曲がった材など、地元で育ったさまざまな木を適材適所《てきざいてきしょ》に利用することにあります。ピニシは、インドネシアの豊《ゆた》かな森とともに、こうした樹木《じゅもく》の特徴《とくちょう》を熟《じゅく》知《ち》した人びとの知識《ちしき》と技術《ぎじゅつ》の結晶《けっしょう》ともいえます。

いっぽう、漁船の代表はフィリピンのバンカ船です。船底が深く沈《しず》んでは、海底の地形が複雑《ふくざつ》なサンゴ礁《しょう》(30ページを見よう)の海を航行できません。サンゴ礁《しょう》に船がぶつかってしまうからです。そのため、船底を細くすることで、バンカ船は、わずかしか沈《しず》まないようになっています。ただし、こうするとバランスが悪くなるため、腕木《うでぎ》でバランスをとるのです。

**ピニシ船の模型《もけい》**
(インドネシア・南スラウェシ州)。
東インドネシアの玄関《げんかん》ともいえるマカッサルのハサヌディン国際《こくさい》空港には、この地域《ちいき》を代表するピニシの模型《もけい》が飾《かざ》られている。ピニシを背景《はいけい》に外国人観光客だけではなく、インドネシア各地から訪《おとず》れた人びとが記念写真を撮《と》っている。

上―**ボロブドゥール遺跡《いせき》に彫《ほ》られたアウトリガー船の彫刻《ちょうこく》**

（インドネシア・中ジャワ州、門田修撮影《もんでんおさむさつえい》）。人びとが、かつてこうした船で
移動《いどう》してきたことを物語っているものと考えられている。
ボロブドゥール遺跡《いせき》は、8～9世紀の仏教建築《ぶっきょうけんちく》の遺跡《いせき》として世界的に有名である。
1991年に世界遺産《いさん》（文化遺産《いさん》）として認定《にんてい》され、世界からの観光客でにぎわっている。
石でできた建築物《けんちくぶつ》で、頂上《ちょうじょう》には釈迦《しゃか》の遺骨《いこつ》や遺物《いぶつ》をおさめるストゥーパ（仏塔《ぶっとう》）が
建っている。頂上《ちょうじょう》にいたるまでの回廊《かいろう》には、仏教《ぶっきょう》やボロブドゥールを造《つく》った
シャイレーンドラ王朝にまつわる歴史物語の彫刻《ちょうこく》がなされている。

# バンカ船

上―**シングルアウトリガー船**（インドネシア・南スラウェシ州）。
手こぎのバンカ船。帆《ほ》をはることもある。腕木《うでぎ》（アウトリガー）が1本の
シングルアウトリガーは、南太平洋地域《ちいき》に多いものの、東南アジア島嶼部《とうしょぶ》にも
存在《そんざい》する。しかし、南太平洋には大型のシングルアウトリガーもめずらしくないが、
東南アジアでは小型のものが目立つ。

下―**長期間、操業《そうぎょう》するアウトリガー船**（フィリピン・パラワン州）。
大型のバンカ船では、はりだした腕木《うでぎ》の部分は、荷物置き場や居住《きょじゅう》空間としても
利用できる。大型のものでは、およそ20人が共同生活できる。
こうした船で1カ月から2カ月も操業《そうぎょう》することもめずらしくない。

# ピニシ船

左ページ下―**ピニシが運ぶ荷物**（インドネシア・南スラウェシ州）。
近代的なタンカーでは、荷主はコンテナごとで契約《けいやく》しなければならないが、
ピニシでは、生活用品の小物から木材といった大物まで、
それぞれの荷主さんの都合にあわせて運んでもらえる点が魅力的《みりょくてき》である。

下左から―**製材《せいざい》する**（インドネシア・南スラウェシ州）。
船づくりは木材を大きなノコギリで適当《てきとう》な大きさに製材《せいざい》することから始まる。
ピニシの魅力《みりょく》は多岐《たき》にわたる工程《こうてい》のほとんどが手作りされることにもある。

**ピニシに使う木釘《きくぎ》**（インドネシア・南スラウェシ州）。
ピニシは海にうかぶ船なので、さびつく鉄製《てつせい》の釘《くぎ》を使うことができない。
そのため、テツボクなどの硬《かた》い木材でつくった釘をもちいる。
船底から出ている木釘《きくぎ》は、最終的にはきれいに削《けず》りとられる。

右2点―**ピニシをつくる**（インドネシア・東カリマンタン州）。
ピニシの美しさは、まっすぐ建った帆柱《ほばしら》とやさしい曲線の船体にある。
船体の曲線を支《ささ》える部分の板は手作業で削《けず》られていく。

# 漁の道具とくふう

上―サンゴ礁《しょう》に暮《く》らす家船《えぶね》生活者（門田修撮影《もんでんおさむさつえい》）。フィリピンからマレーシア、インドネシアにはサマ人が生活している。かれらのなかには、船に住み、サンゴ礁《しょう》で漁をしながら生活してきた人びともいる。写真はフィリピンとマレーシアの国境《こっきょう》地帯に住むサマ人の家族である（1980年代撮影《さつえい》）。

右―サンゴ礁《しょう》の地形。ラグーンと呼《よ》ばれる礁湖《しょうこ》は、外洋の影響《えいきょう》を受けないため、静かな池のような環境《かんきょう》となる。波もほとんどなく、おだやかである。
〈本川達雄（1985）による。一部改変〉

サンゴという動物が群生《ぐんせい》して岩のようになった「造《ぞう》礁《しょう》サンゴ」が発達した地形をサンゴ礁《しょう》と呼《よ》びます。そうした海の水温は、だいたい25度以上であるのが普《ふ》通《つう》です。

地形がデコボコなサンゴ礁《しょう》では、網《あみ》がひっかかってしまうため、網《あみ》をもちいた漁業はできません。そのため、釣《つ》り、潜《もぐ》って魚を突《つ》く、カゴを仕《し》掛《か》けるといった方法が主流となります。

沖縄で石干見《いしひみ》と呼《よ》ばれる、サンゴを積んで作った仕《し》掛《か》けも、東南アジアの各地で見ることができます。潮《しお》がひくとき、サンゴとサンゴを積んだ隙間《すきま》から稚魚《ちぎょ》は逃《に》げることができますが、大きな魚は石垣《いしがき》の中にとりのこされるため、環境《かんきょう》にやさしい漁法だといえます。

サンゴ礁《しょう》にはイワシやアジのように大きな群《む》れをつくる魚が少ないいっぽう、たくさんの種類の魚が、まんべんなく少しずつ獲《と》れることも特徴《とくちょう》です。亜熱帯《あねったい》地《ち》域《いき》でもある沖縄県の県魚はタカサゴという魚ですが、この魚はサンゴ礁《しょう》にすむ魚のなかでも群《む》れをつくる代表的なもので、東南アジアでも人気の魚です。一度にたくさん獲《と》れるので干魚《ほしざかな》に加工されたりします。

## いろいろな漁法

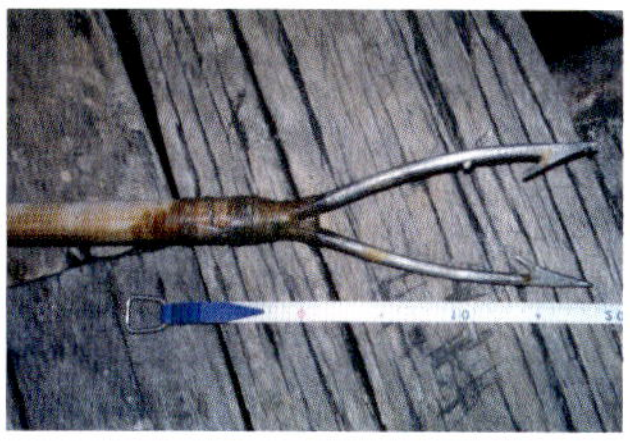

左上—**突《つ》き漁**(フィリピン・タウィタウィ州)。
大型のエイにそっと近づき、
銛《もり》で一気に突《つ》く。
左—**銛《もり》の先端《せんたん》**(フィリピン・タウィタウィ州)。
上—**釣《つ》り漁**(インドネシア・東南スラウェシ州)。
カツオ漁を例外として、
一般《いっぱん》に釣竿《つりざお》を使うことはない。
餌《えさ》が生きているように見えるように
手で釣《つ》り糸をあやつる。

上から—**刺網漁《さしあみ》**(フィリピン・タウィタウィ州)。
サンゴ礁《しょう》のなかでも、海底が砂地《すなじ》の場合には、例外的に網《あみ》の使用が可能《かのう》となる。
**地曳《じび》き網《あみ》漁**(フィリピン・レイテ州)。子どもから大人まで総出《そうで》で、網《あみ》を曳《ひ》く。このときの漁獲《ぎょかく》は、参加した子どもたちにも分配された。
**カゴ漁**(インドネシア・南スラウェシ州)。
インドネシアからフィリピンにかけて、
広く「ブブ」と呼《よ》ばれるカゴで
魚を獲《と》ることが少なくない。
左上—**もぐり漁**(インドネシア・中スラウェシ州)。
タコ同士がひきあう習性《しゅうせい》を利用し、
タコに似《に》せた疑似餌《ぎじえ》でタコを呼《よ》び寄《よ》せる。

## 獲《と》れる魚

**ナポレオンフィッシュ**(名古屋港《なごやこう》水族館)。
メガネモチノウオともいわれるベラ科の
この魚は、2メートルほどに成長する。
2004年にワシントン条約《じょうやく》の附属書《ふぞくしょ》II
(将来的《しょうらいてき》に絶滅《ぜつめつ》のおそれがある種)に記載《きさい》され、
輸出《ゆしゅつ》にあたっては輸出国政府《ゆしゅつこくせいふ》が発行する
許可書《きょかしょ》が必要となった。
**ハリセンボン**(インドネシア・南スラウェシ州)。
400本もあるとされる針《はり》は、皮の下にある
ゼラチン質《しつ》に楔状《くさびじょう》にささっている。
**タカサゴ**(インドネシア・南スラウェシ州)。
沖縄ではグルクンと呼《よ》ばれ、
県魚となっている白身の魚である。
フィリピンでも、インドネシアでも人気がある。
**干《ほし》タコ**(インドネシア・東南スラウェシ州)。
こうしたタコの干《ほ》し方は日本も同様である。

上から—**魞《えり》**(インドネシア・東南スラウェシ州)。
海中に立てた柵《さく》に沿《そ》って
袋網《ふくろあみ》に導《みちび》いた魚を
手網《てあみ》ですくって獲《と》る定置網《ていちあみ》。
**石干見《いしひみ》**(インドネシア・西ヌサトゥンガラ州)。
積み上げた石と石の隙間《すきま》より大きな魚は、
石垣《いしがき》の外に逃《に》げられなくなる。
それを干潮時《かんちょうじ》にひろう。

# 獲《と》って売り買いする

サメ

**サメ**（インドネシア・マルク州）。
サメの尾びれや背《せ》びれである
フカヒレは
中国料理の高級食材として
知られている。

ナマコ

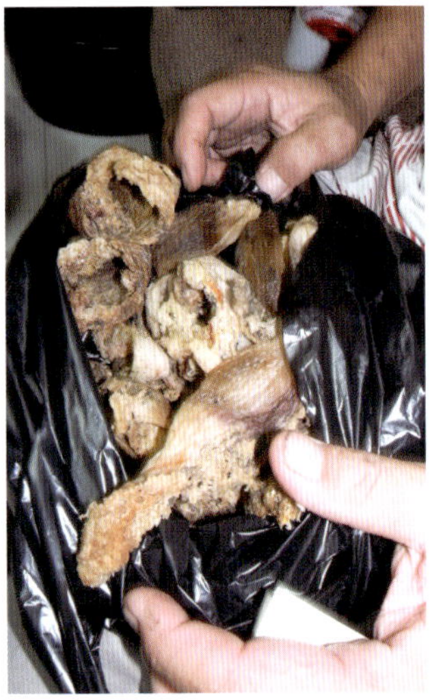

ツバメの巣

上―**アナツバメ類の巣**（インドネシア・マルク州）。白い卵がかえり、ヒナが巣立ったのち、巣を収穫《しゅうかく》する。ツバメの唾液《だえき》にふくまれる分泌物《ぶんぴつぶつ》を固めたもので、高級中国料理のスープやデザートの具材となる。

左―**収穫《しゅうかく》されたツバメの巣**（インドネシア・マルク州）。商品にするには、巣をつくる過程《かてい》で混《ま》ざった羽毛を1本ずつ、ていねいに取りのぞく必要がある。

左上―**チブサナマコを煮《に》る**（フィリピン・パラワン州）。大釜《おおがま》でナマコを煮《に》たのち、天日で乾《かわ》かす。

右上―**チブサナマコ**（フィリピン・パラワン州）。ナマコのなかには水深30～50メートルといった深い海にすむものもあり、ナマコを獲《と》るために潜水病《せんすいびょう》になることも少なくない。

上―**ナマコの肉詰《にくづ》め料理**（シンガポール）

魚からとれるタンパク質《しつ》は、血や肉などの体をつくるもとになります。しかし、人間が生きていくには、そのほかにもエネルギーとなる米やイモなどの炭水化物が必要です。つまり、漁業は、漁獲物《ぎょかくぶつ》を売ってほかの食物を買うことでなりたっているのです。

東南アジアでは、魚以外にも、さまざまな海産物が獲《と》られています。なかには、フカヒレや干《ほ》しナマコのように、漁師さんたちが食べずに、中国料理の食材として高価《こうか》に取引されるものもあります。こうした海産物を「特殊《とくしゅ》海産物」と呼《よ》びます。わたしたちになじみのタラコや数の子が、生産地のロシアなどでは、それほど食べられていないことと似《に》ているかもしれません。

特殊《とくしゅ》海産物は食べ物ばかりではありません。たとえば、タイマイというカメの甲羅《こうら》である鼈甲《べっこう》や、南洋真《なんようしん》珠《じゅ》と呼《よ》ばれる真珠《しんじゅ》は、装飾品《そうしょくひん》として昔から珍重《ちんちょう》されてきました。

しかし、鼈甲《べっこう》については原料となるタイマイが減《へ》ったため、今日、ワシントン条約《じょうやく》という野生生物の取引を規制《きせい》する国際条約《こくさいじょうやく》で輸出入《ゆしゅつにゅう》が禁止《きんし》されています。おなじくフカヒレの原料となるサメも、同条約《じょうやく》で議《ぎ》論《ろん》が続いています。

左上から—**タイマイ**(インドネシア・マルク州)。
タイマイと呼《よ》ばれるウミガメの甲羅《こうら》は、古くから装飾品《そうしょくひん》の材料として珍重《ちんちょう》されてきた。1977年に絶滅《ぜつめつ》のおそれがあるとして、ワシントン条約《じょうやく》の附属書《ふぞくしょ》I(現在《げんざい》、絶滅《ぜつめつ》のおそれがある生物)に掲載《けいさい》され、輸出入《ゆしゅつにゅう》が禁止《きんし》されている。
**鼈甲**《べっこう》(フィリピン・タウィタウィ州)。タイマイの甲羅《こうら》は13枚からなっている。分厚《ぶあつ》く、飴色《あめいろ》の部分が多いほど価値《かち》が高い。
**鼈甲細工**《べっこう》(東京都提供《ていきょう》)。めがねや時計をはじめ、アクセサリーに加工される。
右—**食用のウミガメ**(インドネシア・西ヌサトゥンガラ州)。
バリ島のヒンドゥー教で世界を創造《そうぞう》したとされるウミガメは儀礼《ぎれい》に不可欠な動物である。そうしたウミガメは、インドネシア東部からバリ島へ運ばれる(写真は1997年に撮影《さつえい》)。

## 鼈甲《べっこう》

## シャコガイ

**シャコガイの殻**《から》(フィリピン・タウィタウィ州)。
貝も食べるし、貝柱を干《ほ》したものも食用となる。1983年にワシントン条約《じょうやく》の附属書《ふぞくしょ》IIに掲載《けいさい》された。

**南洋真珠**《なんようしんじゅ》(インドネシア・東南スラウェシ州)。
東南アジアと南太平洋で養殖《ようしょく》された真珠《しんじゅ》を南洋真珠《なんようしんじゅ》と呼《よ》ぶ。

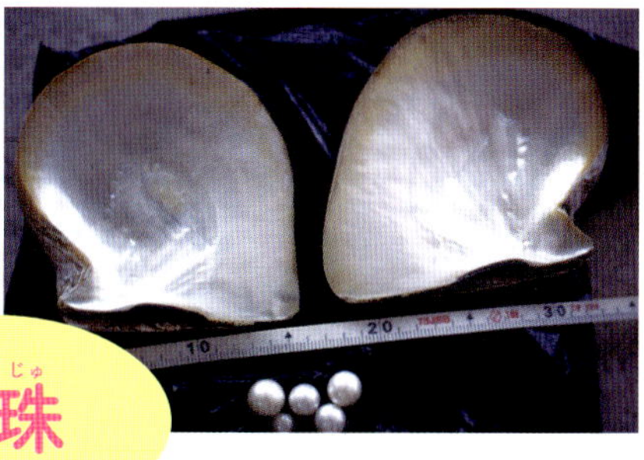

## 真珠《しんじゅ》

## 【中国料理の食材はどこから?】

世界三大グルメといえば、フランス料理、タイ料理、中国料理でしょうか? 中国は地理的に東南アジアに近いため、古くから食材を東南アジアから輸入《ゆにゅう》してきました。フカヒレや干《ほ》しナマコは、そのよい例です。

こうした伝統的《でんとうてき》な海産物に加え、1990年代からハタ類の活魚《かつぎょ》の取引が急増《きゅうぞう》しています。低温で眠《ねむ》らせた魚を生きたまま飛行機で運ぶ技術《ぎじゅつ》が開発されたためです。おすし屋さんで見かけるような水槽《すいそう》で飼《か》っておき、注文があったときに水槽《すいそう》からすくって調理するのです。鮮魚《せんぎょ》や干魚《ほしざかな》とくらべ、活魚は価格《かかく》がよく、収入《しゅうにゅう》が増《ふ》えた漁師さんたちも少なくありません。その一方でハタ類が減《へ》っていることも心配されています。

上から—**レストランのフカヒレ**(タイ・バンコク)。広東省《グワンドン》と福建省《フージェン》の境域《きょういき》に暮《く》らし、バンコクにも多く住む潮州《チョウシュウ》人は、フカヒレなどの乾燥《かんそう》海産物を好む。
**干しナマコ**(中国・香港《ホンコン》)。香港《ホンコン》島の上環《シェンワン》地区には多数の乾燥《かんそう》海産物店がある。写真中央は、オーストラリア産のチブサナマコ。価格《かかく》は香港《ホンコン》ドルで斤《きん》(600グラム)単位のもの。
**香港**《ホンコン》**の海鮮**《かいせん》**料理レストラン**。ナポレオンフィッシュ(31ページを見よう)も、こうした海鮮《かいせん》料理レストランで消費《しょうひ》される。

**ハタ類の生《い》け簀《す》**
(インドネシア・南スラウェシ州)。
獲《と》ってきたハタ類を出荷までの間、生けておく。これらのハタは香港《ホンコン》にかぎらず、シンガポールやジャカルタなどの大都市に出荷される。

# 海と商人たち

東南アジアの海と山は、昔からさまざまな宝《たから》を生産してきました。特殊《とくしゅ》海産物が中国の影響《えいきょう》の強い文化圏《ぶんかけん》で取引されるものだとしたら、香辛料《こうしんりょう》はヨーロッパの商人たちを魅了《みりょう》した産物でした。主食でもある肉料理をおいしく食べるためです。

東南アジアにヨーロッパ人が初めて来たのは、1511年のことです。ポルトガル人が、コショウやナツメグ、メース、チョウジといった香辛料《こうしんりょう》を求めて、現在《げんざい》のマレーシアのマラッカという港町にやってきたのです。ここは当時、マラッカ王国という独立《どくりつ》した国で、70以上の言語が話されていたほどの大都市でした。

現在《げんざい》の沖縄県にあたる琉球《りゅうきゅう》王国からの貿易船《ぼうえきせん》もやってきていました。琉球《りゅうきゅう》商人たちは、スオウという赤い染料《せんりょう》のもととなる樹《き》の皮をたくさん買っていたといいます。

しかし、こうした産物はマラッカで生産されていたのではありません。帆船《はんせん》の時代、西風と東風のどちらの季節風を待つのにも都合のよいマラッカは、西のインド洋、東のジャワ海や南シナ海などの島じまに産するさまざまな産物が集まるセンターだったのです。

左―**マラッカの古地図**。マラッカとは、港と市《いち》、宮殿《きゅうでん》がある狭《せま》い地域《ちいき》であることがわかる。

下―**スルタン・パレス**。マラッカを統治《とうち》したスルタン(イスラームの王)の宮殿《きゅうでん》を復元《ふくげん》したもの。マラッカ王国は15世紀初頭から積極的にイスラームを受け入れてきた。内部は博物館になっていて、イスラームをはじめとしたマラッカの歴史と文化を学べるようになっている。

左中―**セントポール教会**。16世紀にポルトガル人によって建てられたが、天井は崩《くず》れており、外壁《がいへき》のみが残っている。内部にはポルトガル人の墓石《ぼせき》が残されている。

左下―**カンポン・クリン・モスク**。マレーシア最古のモスクとされている。

## マラッカの歴史

上から—**フランシスコ・ザビエル**。
日本をはじめ、アジア各地で布教《ふきょう》活動をしたザビエルの大理石像《だいりせきぞう》。セントポール教会の敷地内《しきちない》に建っている。1552年にザビエルが死んだのち、遺体《いたい》はマラッカ経由《けいゆ》でインドのマドラスへ送られ、右手は切断《せつだん》され、イタリアのローマへ送られた。ザビエル像《ぞう》の右手もなくなっているが、これは像《ぞう》が建てられた当時の嵐《あらし》によって切り落とされ、まさに遺体《いたい》と同様の形になったといわれている。
**サンチャゴ砦《とりで》**。
1511年にマラッカを占拠《せんきょ》したポルトガルによって建設《けんせつ》された。建設《けんせつ》当時、砦《とりで》の周囲は高い塀《へい》でかこまれていたが、19世紀にイギリスによって破壊《はかい》された。現在《げんざい》は、石造《いしづく》りの門と大砲《たいほう》だけが残されている。

## 現在《げんざい》のマラッカ

上から—**マラッカ川**。河岸に歩道が整備《せいび》され、散歩が楽しめる。歴史的な街並《まちな》みで有名なペナン島（ジョージタウン）とあわせて、マラッカは2008年に世界遺産《いさん》に登録《とうろく》された。
**ヘビを抱《だ》く観光客**。ヘビを抱《だ》いたり、体にまとわりつかせたりして記念写真を撮《と》ることもできる。
**ニクズクのオブジェ**（シンガポール）。
突然《とつぜん》、街にあらわれたニクズクの実。通行人も驚《おどろ》いているようすがうかがわれる。本当の大きさは、大人の親指大。
**ニクズクの木**。ニクズクの実は、かじると、スッとした清涼感《せいりょうかん》を味わうことができる。

## マラッカと琉球《りゅうきゅう》

下—**首里城正殿《しゅりじょうせいでん》**（沖縄県那覇《なは》市、1992年復元《ふくげん》）。
マラッカには、琉球《りゅうきゅう》王国からも貿易船《ぼうえきせん》がやってきていた。琉球《りゅうきゅう》王国は、中国（明国《みんこく》や清国《しんこく》）との貿易《ぼうえき》で栄えたが、対中国の輸出品《ゆしゅつひん》の大部分をマラッカなどの今日の東南アジアで入手していた。太平洋戦争末期の沖縄戦で破壊《はかい》された首里城《しゅりじょう》は、1980年代から本格的な復元《ふくげん》が開始され、今日も継続中《けいぞくちゅう》である。2000年に世界遺産《いさん》に首里城跡《しゅりじょうあと》として登録《とうろく》された。
右—**進貢船図《しんこうせんず》**（沖縄県立博物館蔵《ぞう》）。琉球《りゅうきゅう》王国から明国《みんこく》や清国《しんこく》に送られた使節団の絵。こうした船がマラッカとの間を往復《おうふく》したものと思われる。

# 6 魚をめぐる暮《く》らし

## 毎日食べる魚

日本などの温帯には、アジやイワシ、サケのように群《む》れをつくる魚が多いいっぽうで、獲《と》れる魚の種類は、それほどたくさんあるわけではありません。

他方、熱帯である東南アジアには、たくさんの種類の魚がいても、それぞれの魚の獲《と》れる量が少ないことが特《とく》徴《ちょう》です。だから、東南アジアでは多様な魚をまんべんなく日常的《にちじょうてき》に食べることになります。サンゴ礁《しょう》にすむ魚は、カラフルです。市場をのぞいてみて、食の豊《ゆた》かさを実感させられるのは、そのためです。

それでも、群《む》れる魚がいないわけではありません。タカサゴとアイゴは、その代表です。沖縄でタカサゴが県魚となっていることは先に述《の》べたとおりですし、沖縄でスクと呼《よ》ばれるアイゴの稚魚《ちぎょ》の塩辛《しおから》（スクガラス）は、沖縄料理に欠かせない食材です。

こうした魚は、もともとはレモングラスと呼《よ》ばれる香草《こうそう》などといっしょにスープにして食べたり、焼き魚として食べたりしていました。今日では、簡単《かんたん》なため、食用油で揚《あ》げて食べることが多くなっています。

上―人びとは近海で獲《と》れる多種多様な魚を食べている（インドネシア・東南スラウェシ州）。さまざまな魚種を利用できることが、ウォーラセアの魅力《みりょく》でもある（6ページを見よう）。
下―イカ（マレーシア・サバ州）。このイカは、離島《りとう》からクダットという港に着いたばかりのものであった。このあと工場へ運ばれ、そこで洗浄《せんじょう》・冷凍《れいとう》した後、輸出《ゆしゅつ》された。

さまざまな魚

**右―魚を焼く**（インドネシア・南スラウェシ州）。
インドネシア語で魚はイカン、焼くことをバカールといい、イカン・バカールは、焼き魚の意味となる。熱々の焼き魚を手でほぐして、好みのソースをつけて食べる。東インドネシアの町には、たいていイカン・バカール屋さんがあって、その店独自《どくじ》のソースを売り物にしている。
**右端《みぎはし》―アイゴ類**（インドネシア・東南スラウェシ州）。
イカン・バカールに、もっともふつうに使われる魚。

## 魚料理のいろいろ

**左―魚のスープ**（インドネシア・マルク州）。
魚は一般的《いっぱんてき》に焼くか、スープにして食べる。スープの場合は、レモングラスやタマリンドをもちいた酸《す》っぱい味付けのものから、カレー風味やココナツミルク味のものなど、さまざまなバリエーションが楽しめる。
**左下―イカン・ゴレン**（インドネシア・マルク州）。
ゴレンは、インドネシア語で「揚《あ》げる」の意。魚の唐揚《からあ》げで、これもよく食卓《しょくたく》にのぼる魚料理である。サンバルと呼《よ》ばれるトウガラシのソースをつけて食べる。辛《から》くて汗《あせ》をかきつつ、何杯《なんばい》もご飯をおかわりすることになる。

**左―サメ類のフィッシュボール**（タイ・バンコク）。
東南アジア中で日常的《にちじょうてき》に食べられている魚の加工品である。32ページで見たサメや、小魚などをすりつぶして作る。フィッシュボールはサメ肉の利用法としても重要である。
**左下―フィッシュボール入りの麺《めん》**（インドネシア・東南スラウェシ州）。インドネシアでミー・バソと呼《よ》ばれる、フィッシュボール入りの麺《めん》は人気料理。フィッシュボールは、揚《あ》げて食べることもある。
**下―イカを焼く**（インドネシア・ジャカルタ　大村次郷撮影《おおむらつぐさとさつえい》）。
タマリンドとウコンを混《ま》ぜたソースをつけて焼く。

# 保存《ほぞん》するくふう

高温多湿《たしつ》な東南アジアでは、ただしく処理《しょり》がなされないと、獲《と》った魚は、すぐ傷《いた》んでしまいます。そのため、魚は、塩漬《しおづ》けのほか、乾燥《かんそう》、煙《けむり》でいぶす燻製《くんせい》、微生物《びせいぶつ》のはたらきを利用する発酵《はっこう》といった手段《しゅだん》で保存《ほぞん》されてきました。

最近では、冷凍《れいとう》という手もあります。とはいえ、コールド・チェーンと呼《よ》ばれる冷蔵《れいぞう》・冷凍《れいとう》の流通システムが発達していない島じまも少なくありません。そうした地域《ちいき》では、鮮魚《せんぎょ》は、海に近い集落しか食べることができないと言っても過言《かごん》ではないでしょう。そのかわり、さまざまな干魚《ほしざかな》が広く流通しています。

市場には、鮮魚《せんぎょ》コーナーのとなりに、きまって干魚《ほしざかな》だけの売り場もあります。むしろ、鮮魚《せんぎょ》以上にさまざまな種類の干魚《ほしざかな》が販売《はんばい》されているものです。干魚《ほしざかな》には、うま味成分であるアミノ酸《さん》が豊富《ほうふ》にふくまれているため、おいしい食べ方とも言えます。魚の種類によっては、食塩を多めに使用したり、逆《ぎゃく》に食塩を使わず素干《すぼ》しにしたりと、加工法をくふうしています。今日では活魚《かつぎょ》として海外にも輸出《ゆしゅつ》されるハタ類も、もともとは干魚《ほしざかな》として島じまで人気の商品でした。

## さまざまな干魚《ほしざかな》

**上―市場で売られる塩乾魚《えんかんぎょ》**（フィリピン・南サンボアンガ州）。
干魚《ほしざかな》の市場。商人とお客さんでごったがえし、鮮魚《せんぎょ》市場におとらず活気があふれている。

**中―干魚《ほしざかな》を作る**（インドネシア・西ヌサトゥンガラ州）。
漁獲物《ぎょかくぶつ》をそのまま天日に干《ほ》す。

**中右―干魚《ほしざかな》を作る**（インドネシア・南スラウェシ州）。

**右―家船《えぶね》の屋根でダツを干《ほ》す**（フィリピン・タウィタウィ州）。
魚を開いて内臓《ないぞう》をとり、洗ってから天日に干《ほ》す。

右―さまざまな魚の缶詰《かんづめ》(フィリピン・パラワン州)。
フィリピンの人びとにとって、缶詰《かんづめ》は、もっとも身近な水産物かもしれない。とくに内陸部では、その傾向《けいこう》がある。周囲を海にかこまれた島嶼《とうしょ》国家なのに不思議な気がしなくもないが、コールド・チェーンと呼《よ》ばれる流通が未発達なためである。

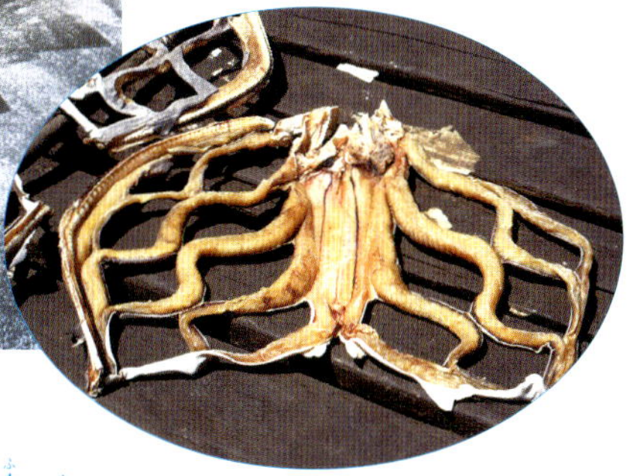

上―塩田《えんでん》(インドネシア・南スラウェシ州)。
潮《しお》の干満《かんまん》を利用した入《い》り浜式《はましき》の塩田。こうして作られた食塩はミネラルが豊富《ほうふ》である。雨季には製塩《せいえん》することができないため、乾季《かんき》だけの風景となる。

上右―サメの干物《ひもの》(フィリピン・タウィタウィ州)。
サメのなかにはアンモニア臭《しゅう》のきついものもあるが、干《ほ》すと美味となる。日本でも、和歌山県や三重県などではサメのみりん干《ぼ》しが作られている。

上―インスタントヌードル(インドネシア・東南スラウェシ州)。
インスタント麺《めん》も、東南アジア島嶼部《とうしょぶ》で一般的《いっぱんてき》な食事である。卵《たまご》を入れてアクセントをつけることもあるが、ほとんどは麺《めん》をゆで、スープといっしょにご飯を食べるだけの質素《しっそ》なものである。

## 【カツオとカツオ節】

日本料理の基本《きほん》はダシにあります。そうしたダシは、カツオ節や昆布《こんぶ》からとられるものです。昆布《こんぶ》の主産地は北海道ですし、カツオ節は鹿児島県の枕崎《まくらざき》や山川《やまかわ》、静岡県の焼津《やいづ》などで作られています。そうした産地で利用されるカツオは、日本近海産のものもありますし、東南アジアや南太平洋で獲《と》れたものもあります。カツオは黒潮《くろしお》にのって北上してきますが、日本列島を北上するにつれ、低い水温に対応《たいおう》するため脂《あぶら》をまとうようになります。近年ではトロカツオなどとも呼《よ》ばれ、刺身《さしみ》の材料としても人気ですが、カツオ節の原料となるカツオは、脂《あぶら》が少ない方がよいとされ、水温の高い東南アジアの海で獲《と》れたものが適《てき》しているそうです。事実、今日では日本に輸出《ゆしゅつ》することを目的に、カツオが獲《と》られ、現地《げんち》で加工されています。

左―イカン・カユ(インドネシア・西ヌサトゥンガラ州)。
カユはインドネシア語で木の意味。「木の魚」と呼んで、カツオ節(荒節《あらぶし》)を指すし、その原料となるカツオも指す。インドネシアにカツオ節を食べる習慣《しゅうかん》はなく、すべて日本に輸出《ゆしゅつ》するためにつくられている。

右―カツオ(インドネシア・西ヌサトゥンガラ州)。カツオ節工場に運び込《こ》まれたカツオ。インドネシアやフィリピンなど熱帯で獲《と》れたカツオは脂分《あぶらぶん》が少なく、ダシをとるためのカツオ節に適《てき》している。透《す》きとおったダシがとれるためである。
右端《みぎはし》―カツオの焼き魚(インドネシア・南スラウェシ州)。カツオは地元では焼いたり、燻製《くんせい》にしたりして食べられる。揚《あ》げることもめずらしくない。

# 養《よう》殖《しょく》して食べる

東南アジア島嶼部《とうしょぶ》で養殖《ようしょく》といえば、インドネシアでバンデン、フィリピンでバグースと呼《よ》ばれるサバヒーという魚と、エビが有名です。こうしたエビは日本にも、たくさん輸入《ゆにゅう》されています。

サバヒーやエビの養殖池《ようしょくいけ》は、マングローブ林を切りひらいてつくられます。海水と淡水《たんすい》がまじわる部分を汽水帯《きすいたい》と呼《よ》びますが、マングローブは汽水帯《きすいたい》に育つ植物をまとめて指す呼《よ》び名です。

マングローブの根は、タコの足のようになっていたり、竹のように地下でつながっている地下茎《ちかけい》が出てきたりして、複雑《ふくざつ》な地形をかたちづくります。そうした空間は、稚魚《ちぎょ》にとっては絶好《ぜっこう》の隠《かく》れ家になります。

養殖《ようしょく》の問題は、開発と薬の利用にあります。あまり開発しすぎてしまうと、稚魚《ちぎょ》のすみかがなくなり、結果として魚が減《へ》ってしまいます。効率《こうりつ》のよさを追求するあまり、小さな池でたくさんの魚を養殖《ようしょく》し、病気をふせぐために薬を投入したりすることになります。もちろん、そうした汚染水《おせんすい》は海に流れていきます。こうした問題を消費者《しょうひしゃ》であるわたしたちは、まず知ることが必要です。

**上—サバヒーやエビの養殖池《ようしょくいけ》**(インドネシア・南スラウェシ州)。
サバヒーとエビをいっしょに育てると、
泳ぎまわるサバヒーが水をかきまわし、水中の酸素《さんそ》が増《ふ》える。
伝統的《でんとうてき》な養殖《ようしょく》方法のひとつである。
**下—マングローブ林**(インドネシア・マルク州)。
マングローブは「魚のゆりかご」とも呼《よ》ばれる。

## サバヒー

**上―サバヒーの稚魚《ちぎょ》をとる**（インドネシア・中スラウェシ州）。
早朝、三角形の網《あみ》で浜《はま》に寄《よ》ってきた稚魚《ちぎょ》をすくい、養殖《ようしょく》業者に販売《はんばい》する。ちょこちょこと泳ぎまわる稚魚《ちぎょ》を1尾《び》ずつ数えるのも大変である。

**右―市場で売られるサバヒー**（インドネシア・マルク州）。
サバヒーはタカサゴとならび、インドネシアでもフィリピンでも人気の大衆魚《たいしゅうぎょ》である。小骨《こぼね》が多いものの、あっさりとした淡白《たんぱく》な味が人気の秘訣《ひけつ》である。

## エビ

**左―小エビからエビせんべいを作る**（インドネシア・東カリマンタン州）。
インドネシアでは、エビや魚をすりつぶしたものをせんべい（クルプック）にしたものが、スナック菓子《がし》として人気である。せんべいといっても、厳密《げんみつ》には油で揚《あ》げるものである。レストランで料理を待つ間などに、子どもから大人まで、好んで食べている。

**上―冷凍《れいとう》エビ工場**（インドネシア・南カリマンタン州）。
マングローブを切りひらいた養殖池《ようしょくいけ》で育ったものや天然エビなどが、冷凍《れいとう》されて日本をはじめとした世界各国に輸出《ゆしゅつ》されている。作業員のほとんどは女性《じょせい》で、立ちっぱなしの重労働である。

# 海に住まう

島は、海底火山が隆起《りゅうき》してできた「大きな島」と、海底のサンゴ礁《しょう》が積み重なってできた「小さな島」の２種類に分けられます。

大きな島は、水が豊富《ほうふ》な島ですが、小さな島では水の確保《かくほ》が大変です。ふつう、小さな島では地下水が利用できないからです。かりに地下水が湧《わ》く場合でも、塩分をふくんでいることが多く、水浴びや洗濯《せんたく》には適《てき》していても、飲むには塩辛《しおから》すぎることがほとんどです。だから、雨水は貴重《きちょう》な生活用水となります。雨水は、いわば天然の蒸留水《じょうりゅうすい》です。湧水《わきみず》のようにミネラルはふくまれていませんが、おいしい水です。

水が豊富《ほうふ》な島は、人間だけではなく、生命にかかわるマラリアという伝染病《でんせんびょう》の原因《げんいん》となるハマダラカにとって快適《かいてき》な環境《かんきょう》でもあります。このことから、せっかく水が湧《わ》いても、人びとは、島から離《はな》れた海上に杭《くい》を立てて住むことがほとんどです。海上にはそよ風もふき、涼《すず》しいうえ、蚊《か》が飛んで来ることが少ないからです。

上から─杭上家屋《くいじょうかおく》(インドネシア・南スラウェシ州)。マラリアを媒介《ばいかい》するハマダラカをさけるため、人びとは陸上ではなく、浅瀬《あさせ》に家を作る。風が吹《ふ》き抜《ぬ》け、涼《すず》しく、快適《かいてき》である。

家船《えぶね》(フィリピン・タウィタウィ州)。船で暮《く》らすのは核家族《かくかぞく》を単位とした世帯である。もともとは水や食料を得るためや漁獲物《ぎょかくぶつ》を販売《はんばい》するため、墓《はか》まいりなどに寄港《きこう》するだけであった。しかし、1990年代から学校教育や医療《いりょう》の問題もあり、家船生活者のほとんどが杭上家屋《くいじょうかおく》での定住生活に転じた。同時に複数《ふくすう》の世帯がいっしょに生活するようになった。

水が必要なときに、舟《ふね》で島に水をくみに行くのです。

もちろん、こうした海上集落ができるのは、台風がほとんど来ない地域《ちいき》に限《かぎ》られます。

**カヌー**（インドネシア・東南スラウェシ州）。
陸上の車のように、海上では船が日常《にちじょう》のもっとも重要な交通手段《しゅだん》である（もっとも、干潮《かんちょう》時には徒歩で移動《いどう》できることが多い）。写真は、ボッゴやレパと呼《よ》ばれるカヌーで、サゴヤシのデンプンが積まれている。

**上・右―作業小屋**（フィリピン・タウィタウィ州）。
これはアガルアガルと呼《よ》ばれるテングサ類を栽培《さいばい》しているところのもの。テングサは日本では寒天《かんてん》の材料になったり、シャンプーや歯みがき粉の主原料として使われたりする。オブラートや薬のカプセルなども、テングサから作られる。

## 暮《く》らしのようす

**上―水上マーケット**（インドネシア・南カリマンタン州）。
海から河をさかのぼったバンジャルマシンという港町の朝市。野菜や果物など、上流で生産された産物が販売《はんばい》されていた。
**右―定期市のようす**（インドネシア・南スラウェシ州）。コンビニやスーパーがない島じまでは、週に1回から月に数回、定期的に市が開催《かいさい》される。商人たちは、そうした定期市を巡回《じゅんかい》する。

**上―雨水をためる**（フィリピン・タウィタウィ州）。雨水は、真水を得にくいサンゴ礁《しょう》の島での、貴重《きちょう》な飲用水となる。もちろん、水浴や洗濯《せんたく》にも使う。
**下―生《い》け簀《す》で遊ぶ子どもたち**（フィリピン・パラワン州）。出荷までの期間、海鮮《かいせん》料理用のハタ類を飼《か》っておくための生《い》け簀《す》で、ハタ類について質問《しつもん》していたら、いつの間にか子どもたちが遊びにきていた。

**右―「船たで」の作業**
（インドネシア・中スラウェシ州）。
船材にすみついたフナクイムシを、船底の外側を火であぶって、殺しているところ。この作業をおこたると、船の寿命《じゅみょう》が短くなる。
**右下―島内のようす**
（インドネシア・東南スラウェシ州）。
ココヤシに混《ま》じって、モスク（イスラーム寺院）や墓《はか》などが見える。家は海上に建《た》てられることが多い一方で、学校やモスク、クリニックなどの公共施設《しせつ》は陸上に建設《けんせつ》される。

# 7 祈《いの》りと願い

## 漁と伝統儀礼《でんとうぎれい》

東南アジアは、世界文明がおこった中国とインドにはさまれた地域《ちいき》に存在《そんざい》しています。当然、そうした文明地域《ちいき》との交流を通じ、東南アジアには、さまざまな文化が伝わってきました。だから、一見、伝統的《でんとうてき》と思われる行事にしても、よく似《に》たものが東アジアや南アジアでもみられることがあります。

たとえば、悪霊《あくりょう》を舟《ふね》に閉《と》じ込《こ》めて沖《おき》に流すという信仰《しんこう》は、日本やタイ、インドなどでも見られる灯籠《とうろう》流しと似《に》た考え方にもとづいています。

インドネシアの東部には、サシと呼《よ》ばれる習慣《しゅうかん》があります。これは禁止《きんし》を意味する土地のことばです。島によってさまざまなやり方がありますが、もともとは長老や指導者《しどうしゃ》が亡《な》くなったりしたときに、喪《も》に服す意味をこめ、一定期間、山や海の産物をとってはならないと、自主的にとり決めた約束のようです。

サシでとることを禁止《きんし》されるのは、ゴクラクチョウやナマコ、タカセガイといった、もともと島外に販売《はんばい》する目的でとられるものも多く、こうした習《しゅう》慣《かん》が結果的に資源《しげん》や環境《かんきょう》を守ってきたと、海外で高く評価《ひょうか》されています。

**サシ**

**上―ココヤシのサシ**（インドネシア・マルク州）。
これは、教会が設置《せっち》したココヤシのサシである。サシ期間中はココヤシを採《と》ってはならない。サシの期間は数ヶ月から数年とさまざまである。

**右上から―サシの標識《ひょうしき》**（インドネシア・マルク州）。
マルク州のアル諸島《しょとう》近海を移動《いどう》していると、突然《とつぜん》、サシであることを告げる目印があらわれることがある。「このあたりはサシをしているので、漁業をしてはいけない」という意味である。

**ナマコの畜養《ちくよう》**（インドネシア・中スラウェシ州）。
サシではないが、獲《と》ってきた小さなナマコを人工池で飼《か》い、大きくなってから出荷するという畜養《ちくよう》は、サシと似《に》た機能《きのう》をはたしている。

**畜養《ちくよう》されたハネジナマコ**
熱帯に生息するナマコのなかでも、もっとも高価《こうか》なもののひとつ。大きいものほど価格《かかく》が高いので、成長したものだけを出荷することは、資源《しげん》管理上のぞましいだけではなく、経済的《けいざいてき》な効率《こうりつ》がよくなることを意味している。

**ゴクラクチョウ**（インドネシア・マルク州）。
羽のきれいなゴクラクチョウも、サシの対象《たいしょう》となる動物である。このようにきれいな羽をもつのは雄《おす》だけである。

## 精霊《せいれい》を信じる

**悪霊《あくりょう》を送りだす精霊信仰《せいれいしんこう》**（フィリピン・タウィタウィ州）。
パトゥラカンと呼《よ》ばれる、悪霊《あくりょう》を船に乗せて島外に送りだす儀礼《ぎれい》。
島内に不幸が連続したときなどに開催《かいさい》される。

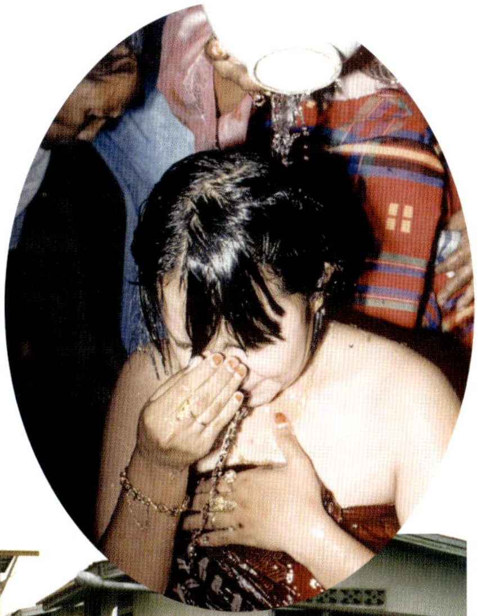

## 結婚式《けっこんしき》

上―**沐浴《もくよく》**（水で身体を清めること）**をする花嫁《はなよめ》さん。**
中―**サマ人の結婚式《けっこんしき》**（フィリピン・タウィタウィ州）。
結婚式《けっこんしき》に参加する人びと。
海上集落であるため、船でやってくる。
下―イスラームのやり方にのっとり、
神に家族の平和を誓《ちか》っている。

**上から―タカセガイ**（フィリピン・タウィタウィ州）。
タカセガイはサラサバテイとも呼《よ》ばれ、
サシの対象となっている。
フィリピンではサモン、インドネシアではロラックと
呼《よ》ばれ、貝ボタンの材料となる。日本をはじめ、
ヨーロッパにも輸出《ゆしゅつ》されている。
**貝ボタンを作る**（インドネシア・南スラウェシ州）。
貝に穴《あな》をあけ、ボタンの大きさにくりぬく。
日本では奈良県川西町《かわにしちょう》が貝ボタンの産地として有名である。
川西町《かわにしちょう》では東南アジアや南太平洋から
タカセガイを輸入《ゆにゅう》し、加工している。

## イスラームの儀礼《ぎれい》

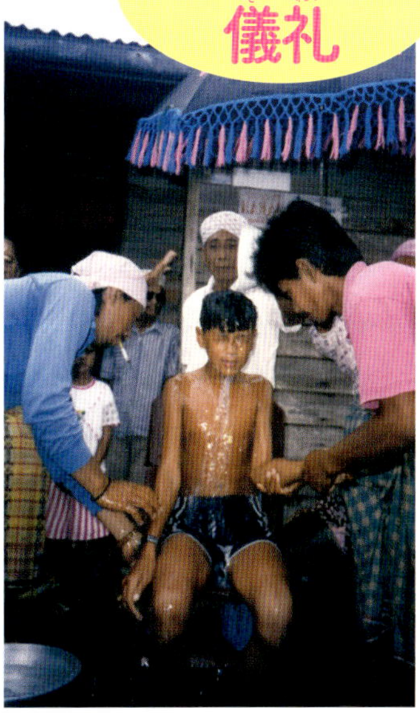

下―**水浴びの儀礼《ぎれい》**（フィリピン・タウィタウィ州）。
フィリピンのイスラム教徒（ムスリム）の一部には、
イスラームの預言者《よげんしゃ》であるムハンマドの
誕生日《たんじょうび》とされる日の早朝、海水を浴び、
身体を清める習慣《しゅうかん》がある。
右―**割礼《かつれい》**（フィリピン・タウィタウィ州）。男子は
クルアン（イスラームの聖典《せいてん》）が読めるようになると
成人の証《あかし》として割礼《かつれい》（性器《せいき》の皮膚《ひふ》の一部を
切りとる）をうける。割礼後《かつれいご》は長ズボンをはき、
肌《はだ》の露出《ろしゅつ》をさけるようになる。

# イスラームとキリスト教

東南アジア多島海《たとうかい》に住む人びとの多くは、イスラム教徒(ムスリム)です。現在《げんざい》、ムスリムは世界に15億人います。つまり、世界の5人に1人がムスリムという計算になります。

イスラーム(イスラム教)が誕生《たんじょう》したのは現在《げんざい》のサウジアラビアですし、イラクやアフガニスタンのようにイスラームを中東地域《ちいき》のものと考える人が多いかもしれませんが、世界最大のムスリム人口をほこるのはインドネシアです。全人口およそ2億人のうちの9割《わり》がムスリムだからです。

イスラームが西から島伝いにやってきたのに対し、キリスト教は太平洋をわたって東からやってきました。世界一周をくわだてたスペイン艦隊《かんたい》のマジェランが、1521年にセブ島の近くに到着《とうちゃく》したのです。その後、スペインがフィリピンを植民地化《しょくみんちか》した影響《えいきょう》から、フィリピンは今日、アジア唯一《ゆいいつ》のキリスト教国といわれるほどにキリスト教徒の多い国となっています。

しかし、そのフィリピンにも、南部にはムスリムがたくさん生活しています。スペインがやってきたとき、すでにイスラームが伝来していたからです。

上—**断食《だんじき》明けのお祈《いの》り**(インドネシア・南スラウェシ州)。断食《だんじき》のことをラマダンまたはプアサという。
イスラーム歴の第9月は断食月《だんじきづき》である。この間、「白糸と黒糸の区別ができる」日の出前から
夕日が沈《しず》むまでの間、断食《だんじき》はもちろん、水を飲むことも
唾《つば》を飲み込《こ》むことも禁《きん》じられている。

## イスラーム

上—**マドラーサ**(イスラーム学校)(フィリピン・タウィタウィ州)。
イスラームの聖典《せいてん》であるクルアンの読み方や
アラビア語を学習する学校。
下—**犠牲祭《ぎせいさい》**(フィリピン・タウィタウィ州)。イスラーム歴の第12月は
巡礼月《じゅんれいづき》である。聖地《せいち》であるメッカ(サウジアラビア)への巡礼《じゅんれい》は
ムスリムに課された5つの義務《ぎむ》のひとつである。
巡礼《じゅんれい》の最後の日にあわせて、ヤギやウシが神に捧《ささ》げられる。
いつも魚を食べている島嶼部《とうしょぶ》では、この日は子どもたちにとって
肉を食べる機会となる。

## キリスト教

**左—ラプラプの胸像《きょうぞう》**
（フィリピン・マニラ市）。
ルネタ公園内にある国家的英雄《えいゆう》をまつった一角にあるラプラプ像《ぞう》。太平洋を横断《おうだん》し、世界一周をもくろんだマジェランは、1521年3月にセブ島周辺に到着《とうちゃく》した。近隣《きんりん》の領主《りょうしゅ》に友好をもとめたところ、セブ島に隣接《りんせつ》するマクタン島の首長ラプラプはこれを拒否《きょひ》し、マジェランは殺害された。ラプラプは、植民者スペインに抵抗《ていこう》した最初のフィリピン人として国家的英雄《えいゆう》とされている。

**右上—マニラ大聖堂《だいせいどう》**（フィリピン・マニラ市、日本アセアンセンター提供《ていきょう》）。
スペイン時代の行政区《ぎょうせいく》であったイントラムロス地区にある教会で、1571年の創建《そうけん》。この年、中国貿易《ぼうえき》を目的としたスペインは、植民地化の拠点《きょてん》をセブからマニラに移《うつ》した。

**右下　マジェランクロス**（フィリピン・セブ市、日本アセアンセンター提供《ていきょう》）。
マジェランが世界一周の途中《とちゅう》、1521年に上陸した土地に建てた十字架《じゅうじか》。その際《さい》、地元の領主《りょうしゅ》と住民400名ほどがキリスト教徒となったといわれている。
これを契機《けいき》にスペインによるフィリピン諸島《しょとう》の植民地化が始まった。

**上—水上に建てられた礼拝所《れいはいじょ》**
（フィリピン・タウィタウィ州）。
イマームという指導者《しどうしゃ》がいない簡易礼拝所《かんいれいはいじょ》はモスクではなく、ムショラと呼《よ》ばれる。

**下—スルタン・オマール・アリ・サイフディン・モスク**
（ブルネイ、日本アセアンセンター提供《ていきょう》）。
ブルネイの首都バンダルスリブガワンにある王立モスクのひとつ。
先代の第28代王が建立《こんりゅう》したもので、世界的に有名なモスク。

**上—ムスリム男性《だんせい》のおしゃれ**
（インドネシア・ゴロンタロ州）。
礼拝時《れいはいじ》の典型的なスタイルで、男性《だんせい》は長袖《ながそで》のシャツにサロンと呼《よ》ばれる腰布《こしぬの》を着る。

**下—ムスリム女性《じょせい》のおしゃれ**
（インドネシア・南スラウェシ州）。
ムスリム女性《じょせい》の衣装《いしょう》には、さまざまなものがある。
お祈《いの》りの際《さい》には白装束《しろしょうぞく》となるが、それ以外は、カラフルなものが少なくない。

# おわりに——東南アジアを歩いてみよう

東南アジアって、どこか遠いところだと考えている人はいませんか？

日本に暮《く》らすわたしたちは、意識《いしき》するとしないとにかかわらず、政治《せいじ》と経済《けいざい》の中心である東京を向いて暮《く》らしています。しかし、みなさんのなかでも、九州に住む人たち、とくに福岡や佐賀、長崎の人の多くは、韓国《かんこく》や中国について、すぐとなりの国だという印象をもっているのではないでしょうか。また沖縄には、フィリピンなんて、すぐ南の国だという印象をもっている人がいるかもしれません。九州や沖縄からは、東京よりもソウルや上海《シャンハイ》、マニラなどの方が近い距離《きょり》にあるから当然でしょう。まずは、日本に住むすべての人たちに、「アジアのなかの日本」という事実を意識《いしき》してほしいと思います。

わたしたちの食卓《しょくたく》は、東南アジアや中国をはじめとして、海外から輸入《ゆにゅう》された食材でみたされています。バナナやエビ、カツオ、マグロなどのように、目に見えるものから、ヤシ油といった目にふれにくいものまで、さまざまです。商品ばかりではありません。近年では、福祉《ふくし》施設《しせつ》や工場などで働くために、アジアからたくさんの人が日本にやってきています。今後、さらにグローバル化が進んでいけば、こうした国ぐにとの関係も、もっと強くなっていくことでしょう。だから、アジアの国ぐにや、アジアの人びとについて、もっと理解《りかい》を広げていかなければなりません。

わたしたちは、アジアのなかでもとくに東南アジア島《とう》嶼部《しょぶ》をとりあげ、みなさんにこの地域《ちいき》を身近に感じてほしいと思っています。わたしたちは、現地《げんち》を訪《おとず》れ、その地域《ちいき》の自然環境《しぜんかんきょう》や人びとの生活のようすを観察し、そこに暮《く》らす人びとにインタビューしながら、東南アジアについて勉強しています。そうした勉強の方法をフィールドワークと呼《よ》びます。

勉強するというと、本を読むことを想像《そうぞう》するかもしれません。もちろん、読書は勉強の基本《きほん》です。しかし、本にすべてのことが書いてあるわけではありません。世のなかには、知られていないことがまだまだたくさんあります。東南アジアやそこに暮《く》らす人びとのことなどは、まさにその例のひとつでしょう。

だからこそ、みなさんにも、東南アジアを訪問《ほうもん》してほしいと思います。自分の足で歩き、自分の目や耳や鼻や舌《した》で、東南アジアを実感してほしいのです。市場には色とりどりの野菜や果物、魚がならび、独特《どくとく》の匂《にお》いと熱気がただよっています。屋台でお茶を飲むのもよし、食堂でご飯を食べるのもよし。腰《こし》をおろしてあたりを観察していると、だれかが声をかけてきて、日本のことを訊《たず》ねてくるかもしれません。そうした人と仲良しになって、現実《げんじつ》の東南アジアについて学んでください。わたしたちは、こうした作業を今もつづけています。この本をきっかけに、みなさんが東南アジアに関心をもってくれること、東南アジアの人たちと交流を深めてくれることを願っています。

# 生物多様性と人間の活動—あとがきにかえて

2010年10月、名古屋市で生物多様性条約の第10回締約国会議CoP10が、開催されました。

「生物多様性」が大切なもので、それをまもることが重要なことは、なんとなくイメージできると思います。では、生物多様性とは何を意味するのでしょうか。具体的に、何をまもっていけばよいのでしょうか。

この問いに答えるため、あらためて、「生物多様性(biodiversity)」の概念の歴史についてみてみることにしましょう。このことばは、意外とあたらしく、1986年に米国で誕生しました。はじめて使われたのは、1986年9月、スミソニアン研究所と米国科学アカデミーが開催した公開討論会「生物多様性に関する国家フォーラム」(National Forum on BioDiversity)といわれています[タカーチ2006]。

これを契機に広まった生物多様性は、それまで日本的な意味で呼ばれてきた自然(nature)、米国的な意味合いで語られてきた原生自然(wilderness)、あるいは野生生物一般を意味するワイルドライフ(wildlife)などが表現してきた概念に、ほぼ相当しています。しかし、この3つの用語が、生物を対象としながらも、静的な印象をあたえるのに対し、生物多様性は動的な関係性を重視しているところに違いがあります。このことを理解するにあたっては、生態学者の山田勇さんが提唱する「生態資源」(eco-resources)の考え方が参考となります[山田 1999]。

マングローブ林の保全を事例に、「生態資源」の意味を考えてみましょう。マングローブ林とは、熱帯や亜熱帯で、淡水と海水が入り混じる川の河口の干潮帯に発達する特殊な森林のことをいいます。

これまでのマングローブ林の保全では、オヒルギやコヒルギといった個別の植物がその対象とされてきました。これに対して山田さんは、植物が生育する一定の空間を「生態資源」とよび、個別の種ではなく、その空間全体を保全すべきだと説いています。それは、マングローブ林にはさまざまな魚やカニ、エビなどがすみつき、また、それらを捕食するカワウソや鳥類なども生息しているからです。つまり、マングローブの中の個別の植物だけではなく、植物と動物とのあいだでみられる、さまざまなやりとりや関係性をも視野にいれること、それが生態資源の考え方なのです。

生態資源の考え方には、さらなるポイントがひそんでいます。それは、「人間もマングローブ林という生態空間形成に関与する生物」[山田 2000, 2006]であり、人間の活動を生物の関係性の一部にとりこもうということです。たしかに人間は、マングローブ林を刈ったり、そこに群れるエビを獲ったりもしますが、西表島のカヤック・ツアーのように、マングローブ林の景観を観光の対象としても利用しています。

このように生物の関係性を重視する姿勢は、個別の地域に生じる現象を細かくみつめ、人びとが自然にはたらきかけてきた多様な歴史を再評価しようとする方向を導きます。この視点に立てば、生物多様性条約の前文において、①「先住民社会が生物資源に緊密かつ伝統的に依存している」こと、つまり、先住民による生物の利用権が確認され、②「生物多様性の保全とその構成要素の持続可能な利用に関して、

生物多様性条約第10回締約国会議の全体会(名古屋市)。2010年生物多様性条約(CBD)の第10回締約国会議(COP10)が名古屋で開催された。各国が、生物多様性の保全を目的とした森林と海洋における保護区を設置することが決められた。

マングローブのエコ・ツアー(マレーシア・サラワク州)。マングローブにはいろいろな動物がすんでいるが、ここにはテングザルを見るために多くの観光客がおとずれる。テングザルはマングローブの葉にふくまれる塩分をとるため、葉っぱをかじるという。

（先住民が継承してきた）伝統的知識や慣行（を評価するとともに、そ）の利用によってもたらされる利益を（先住民社会に）衡平に配分する」ことが締約国に要求されていることにも合点がいくはずです。

米国の科学者たちが、「生物多様性」なる概念をわざわざ創造し、それを保全の対象にすえた背景には、単にめあたらしいことばで注目をひこうとしたのではなく、人間の活動を排除してきた「原生自然」という見方をはなれ、人間の活動を生態系の一部として認識していこう、という発想の転換があったのだといえます。

わたしたち著者は、大学で環境問題について講義することがあるのですが、そのとき、学生たちには、問題の加害者と被害者をきっちり分けてとらえようとする傾向があります。ところが、実態はそう単純ではありません。皮肉なことに、生物多様性の危機のような地球環境問題の特徴は、さまざまな要因が複雑にからみあっていて、単一の原因を特定することがむずかしいことにあるのです。たとえば、二酸化炭素は地球温暖化の主な原因だとされていますが、二酸化炭素を排出せずして、人間が生きてはいけないことを思い出してみてください。

本書で紹介した油脂資源としてのアブラヤシは、再生可能なバイオ燃料として将来が期待されています。しかし、困ったことに、アブラヤシを植えるためにプランテーションが開拓されればされるほど、オランウータンの生息地が減少するという現実があります。絶滅危惧種であるオランウータンは、スマトラ島とボルネオ島の熱帯林にしか生息していませんが、この両島では、現在、プランテーションの開発がもっとも進んでいます。人間社会がクリーンでグリーンなはずのアブラヤシに依存すればするほど、オランウータンの生息環境を圧迫してしまいます。このように、なかなか一筋縄にはいかないのが、地球環境問題の悩ましいところなのです。

では、いったい、どうしたらよいのでしょうか。妙案はすぐにみつかるわけではありません。わたしたち著者は、「大なり小なり、人間は地球に負担をかけながら暮らしている」という事実を自覚したうえで、前向きに議論していくしかない、と考えています。そのために、東南アジアの島じまを歩きながら、人びとの暮らしをみつめ、生物との関係性の現在のありさまと過去の歴史を学ぼうと、研究活動を続けているのです。

本書であつかった東南アジア島嶼部では、その海域に大小さまざまの島が点在しています。リゾート地として開発された島があるいっぽう、交通手段はいまだに渡し船だけという、小さな島も少なくありません。それでも、ここ20年間をふりかえってみると、アクセスはかなりよくなっています。また、観光スポットに限らずとも、港や市場、街角、移動中の景色など、見るべきものがたくさんあります。

本書を手に、ぜひ、このような島じまを訪れて、人間の活動と生物の関係性、そして生物多様性の意味を、それぞれに発見してみてください。それこそが、東南アジア理解の第一歩であり、また、環境問題解決への第一歩ともなるでしょう。

Takacs, David [1996] The Idea of Biodiversity: Philosophy of Paradise, Baltimore: The Johns Hopkins University Press.
（=2006, 狩野秀之・新妻昭夫・牧野俊一・山下恵子訳『生物多様性という名の革命』日経BP社.）
山田勇[1999]「生態資源をめぐる人々の動態」,『Tropics』9（1）: 41–54.
—[2000]『アジア・アメリカ生態資源紀行』岩波書店.
—[2006]『地球森林紀行』岩波書店.

アブラヤシ・プランテーション化する湿地（マレーシア・サバ州）。2000年代前半までは、マングローブ林の開発といえば、エビ養殖池の造成がほとんどであったが、今日ではアブラヤシのプランテーションとして開拓されることが少なくない。

オランウータンのリハビリテーションセンター（マレーシア・サバ州）。アブラヤシのプランテーション付近で捕獲されたオランウータンを森に返すための訓練をほどこすリハビリテーションセンターは、現在、マレーシアとインドネシアに5ヵ所存在している。世界中から多くの観光客がおとずれてくる。

# 4巻さくいん

[監修者]

**クリスチャン・ダニエルス**(Christian Daniels)

東京外国語大学アジア・アフリカ言語文化研究所教授

1953年、フィジー生まれ。オーストラリア人。東京大学大学院人文科学研究科博士課程修了。博士(文学)。専門は中国西南部と東南アジア大陸部北部の歴史。おもな著者・編書に、『雲南物質文化－生活技術巻』(雲南教育出版社、2000)、『四川の伝統文化と生活技術』(慶友社、2003)『貴州苗族林業契約文書匯編(一七三六～一九五〇年)』(全3巻、東京大学出版会、2005、『中国雲南耿馬傣文古籍編目』(雲南民族出版社、2005)『中国雲南少数民族生態関連碑文集』(総合地球環境学研究所、2008)『論集モンスーンアジアの生態史　第2巻　地域の生態史』(弘文堂、2008)など。

[著者]

**落合　雪野**(おちあい・ゆきの)

鹿児島大学総合研究博物館准教授

1967年、静岡県生まれ。専門は民族植物学、東南アジア地域研究。
京都大学大学院農学研究科農林生物学専攻博士後期課程修了。博士(農学)。
東南アジアや東アジアでフィールドワークをおこない、人と植物の関係や植物利用の文化について追究している。おもな研究対象に雑穀、ジュズダマ属植物、染料植物のアオバナなどがある。研究の成果を社会に開くための実践として、「トラベリング・ミュージアム」や「ジュズダマ研究スタジオ」などの展覧会活動をラオス、大阪、台湾、インドネシアで展開している。おもな著書・編書に『ラオス農山村地域研究』(めこん、2008)と『アオバナと青花紙―近江特産の植物をめぐって』(サンライズ出版、1998)、訳書にピーター・バーンハルト著『植物との共生』(晶文社、1995)がある。

**赤嶺　淳**(あかみね・じゅん)

一橋大学大学院社会学研究科教授

1967年、大分県生まれ。専門は東南アジア地域研究、食生活誌学。
Ph.D.(フィリピン学)。ナマコを中心に、海産物がどのように獲られ、流通し、消費されているのかを、世界規模のフィールドワークを通じて解明するとともに、海産資源の持続的利用と環境保護をめぐる文化摩擦などの問題についても、活発に提言を続けている。おもな著書・編著書に『ナマコを歩く―現場から考える生物多様性と文化多様性』(新泉社、2010)、『海参戦役―従現場思考生物多様性與文化多様性』(群學出版〔台北市〕、2011)、Conserving Biodiversity for Cultural Diversity(Tokai Univ. Press, 2013)がある。

企画――――眞島建吉(葫蘆舎)／渡邊 航(小峰書店)
編集――――渡邊　航
ブックデザイン――佐藤篤司
協力――――大村次郷
図版――――有限会社ジェイ・マップ(白砂昭義)

アジアの自然と文化④

# イモ・魚からみる東南アジア

[インドネシア・マレーシア・フィリピンなど]

NDC290　51P　29×22cm
ISBN978-4-338-27304-6
2014年4月8日　第1刷発行

監修者――――クリスチャン・ダニエルス
著者――――落合雪野、赤嶺　淳
発行者――――小峰紀雄
発行所――――株式会社 小峰書店　〒162-0066 東京都新宿区市谷台町4-15
電話――――03-3357-3521　FAX 03-3357-1027
HP　http://www.komineshoten.co.jp/
印刷――――株式会社 三秀舎　製本――――小髙製本工業株式会社



[写真協力(敬称略、順不同)]大村次郷／門田修／加藤真／沖縄県立博物館／日本アセアンセンター／東京都

＊8ページの図版「代表的なタロイモ類」は、佐々木高明編『日本農耕文化の源流―日本文化の原像を求めて』(日本放送出版協会、1983年)所収の堀田満「イモ型有用植物の起源と系統―東アジアを中心に」から転載しました。
＊10ページの図版「世界の農耕文化」は、中尾佐助『栽培植物と農耕の起源』(岩波新書、1966年)所収の図をもとに作図しました。
＊30ページの図版「サンゴ礁の地形」は、本川達雄『サンゴ礁の生物たち　共生と適応の生物学』(中公新書、1985年)所収の図をもとに作図し、一部改変しました。

[参考文献]堀田満・印東道子『イモとヒト―人類の生存を支えた根栽農耕』(平凡社、2003)／加納啓良『インドネシア検定』(めこん、2011年)／村井吉敬・佐伯奈津子『インドネシアを知るための50章』(明石書店、2004年)／尾本惠市・濱下武志・村井吉敬・家島彦一編『海のアジア3　島とひとのダイナミズム』(岩波書店、2001年)／尾本惠市・濱下武志・村井吉敬・家島彦一編『海のアジア4　ウォーレシアという世界』(岩波書店、2001年)／村井吉敬『エビと日本人』(岩波新書、1988年)／村井吉敬『エビと日本人II―暮らしのなかのグローバル化』(岩波新書、2008年)／吉田集而・中尾佐助・秋道智彌『オーストロネシアの民族生物学』(平凡社 1999年)／鶴見良行『海道の社会史―東南アジア多島海の人びと』(朝日選書、1987年)／藤林泰，宮内泰介編『カツオとかつお節の同時代史―ヒトは南へ、モノは北へ』(コモンズ、2004年)／山下晋司『観光人類学の挑戦―「新しい地球」の歩き方』(講談社、2009年)／山下晋司『儀礼の政治学―インドネシア・トラジャの動態的民族誌』(弘文堂、1988年)／大野拓司・寺田勇文『現代フィリピンを知るための61章』(明石書店、2009年)／杉村順夫・松井宣也『ココヤシの恵み―文化、栽培から製品まで』(裳華房、1989年)／秋道智彌『コモンズの人類学―文化・歴史・生態』(人文書院、2004年)／中尾佐助『栽培植物と農耕の起源』(岩波新書、1966年)／村井吉敬『サシとアジアと海世界―環境を守る知恵とシステム』(コモンズ、1998年)／『事典東南アジア―風土・生態・環境』(弘文堂、1997年)／内堀基光・山下晋司『死の人類学』(講談社、2006年)／『新版東南アジアを知る事典』(平凡社、2008年)／阿良田麻里子『世界の食文化インドネシア』(農山漁村文化協会、2008年)／『世界有用植物事典』(平凡社、1989年)／八杉佳穂『チョコレートの文化誌』(世界思想社、2004年)／アマール・ナージ『トウガラシの文化誌』(晶文社、1997年)／池端雪浦『東南アジア史2島嶼部』(山川出版社、1999年)／鶴見良行『ナマコの眼』(筑摩書房、1990年)／赤嶺淳『ナマコを歩く―現場から考える生物多様性と文化多様性』(新泉社、2010年)／佐々木高明『日本農耕文化の源流』(NHK出版、1983年)／鶴見良行『バナナと日本人―フィリピン農園と食卓のあいだ』(岩波新書、1982年)／鶴見良行『マングローブの沼地で―東南アジア島嶼文化論への誘い』(朝日新聞社、1984年)／綾部恒雄・石井米雄『もっと知りたいフィリピン』(弘文堂、1995年)／山田勇編『森と人のアジア―伝統と開発のはざまに生きる　講座人間と環境②』(昭和堂、1999年)／鶴見良行・宮内泰介『ヤシの実のアジア学』(コモンズ、1996年)／Lake Sebu, Socio Economic Profile 2005／Mabberey's Plant Book, Cambridge　2008／Plant Resources of South-East Asia, PROSEA Foundation　1990／Whitten, Henderson and Mustafa, The ecology of Sulawesi, Environmental Management Development Project, a cooperative project of the Indonesian Ministry of the Environment and Dalhousie University, Halifax, Nova Scotia under the sponsorship of the Canadian International Development Agency 2001

# マレーシアの行政《ぎょうせい》区分

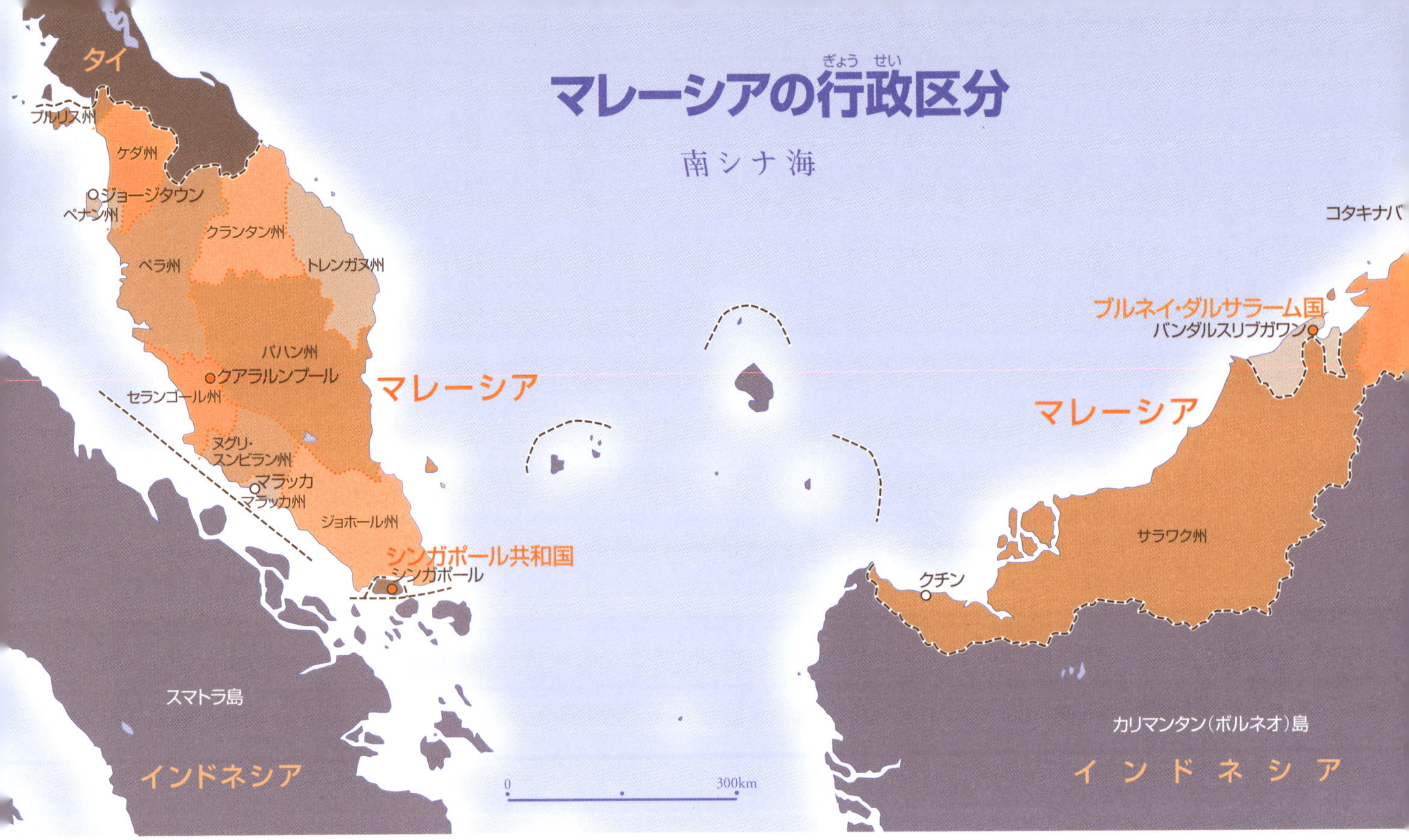

# インドネシアの行政《ぎょうせい》区分